Șerban Eugen Savu

CEREMONII ȘI PROTOCOALE MASONICE

Editura SANMESO
București 2022

Descrierea CIP a Bibliotecii Naţionale a României

SAVU, ŞERBAN EUGEN

Ceremonii şi protocoale masonice / Şerban Eugen Savu. - Bucureşti: Sanmeso, 2022

Conţine bibliografie

ISBN 978-606-94926-7-3

061.236.6

Copertă, ilustraţii şi realizare grafică: Oana Savu

CUPRINS

CUVÂNT ÎNAINTE ... 4

CEREMONIE ȘI RITUAL ... 8

CEREMONIA DE ÎNVESTIRE A MAESTRULUI VENERABIL DIN TRECUT ... 11

CEREMONIA DE ACORDARE A TITLULUI DE MAESTRU VENERABIL DE ONOARE AD VITAM ... 31

CEREMONIA DE ACORDARE A TITLULUI DE MEMBRU DE ONOARE AL LOJII ... 47

CEREMONIA DE PLECARE A CALFELOR ÎN CĂLĂTORIA DE INSTRUIRE ... 63

CEREMONIA DE PURIFICARE A UNUI TEMPLU MASONIC ... 77

CEREMONIA ȚINUTEI DE ÎNGEMĂNARE ... 107

PROTOCOLUL INTRĂRII ÎN TEMPLU LA O ȚINUTĂ RITUALĂ ... 121

PROTOCOLUL DE ACORDARE A "BOLTEI DE OȚEL" ... 133

PROTOCOLUL LUĂRILOR DE CUVÂNT ÎN CADRUL LOJII ... 139

PROTOCOLUL CADOURILOR SIMBOLICE ... 153

PPROTOCOLUL ȚINUTEI COMUNE ... 161

PROTOCOLUL ȚINUTEI FESTIVE ... 175

PROTOCOLUL ȚINUTEI DE ÎNGEMĂNARE ... 181

CUVÂNT ÎNAINTE

Pentru a putea înţelege mai bine ceea ce este scris în paginile acestei cărţi, este necesar să parcurgem câteva aspecte importante, dintre care amintesc: istoria, tradiţia, legislaţia masonică şi cea naţională (care prevalează celei masonice), dar mai ales cunoştinţe temeinice cu privire la diferenţele dintre Ritualuri şi Ceremonii, dintre Regulamente şi Protocoale.

Istoria ne-a demonstrat că Francmasoneria a reuşit să dăinuie de-a lungul istoriei având la bază o caracteristică ce a făcut-o să îmbine în mod fericit tradiţionalismul cu modernismul.

Nu trebuie trecut repede peste acest aspect, care este considerat de către mulţi ca fiind ceva banal. Cheia durabilităţii în timp şi a progresului evident a acestei organizaţii este bazată pe construcţia interioară a fiecărui membru în funcţie de etapa în care se află în raport cu şlefuirea personală, dar şi cu nivelul de dezvoltare a societăţii în care trăieşte în acea perioadă a vieţii sale.

S-a constatat în mod evident faptul că în ultima perioadă, prin implicarea tot mai activă în societatea civilă, Francmasonii nu mai pot susţine şi argumenta că au secrete.

Această afirmaţie ar încălca legislaţia în vigoare

prin asumarea apartenenţei la o organizaţie secretă (sau care deţine secrete imposibil de accesat celor din afară). Astfel, Francmasoneria şi-ar nega transparenţa pe care a impus-o şi a dobândit-o în mod real în societate, dar mai ales şi-a realizat o formă legală de organizare în conformitate cu legislaţia la zi a secolului XXI.

Libertatea de exprimare garantată în această perioadă, nenumăratele cărţi publicate în întreaga lume, paginile de internet publice ale unor Loji sau Mari Loji în care se prezintă concepte, teme şi simbolistică masonică, furnizează atât de multe "*secrete*" în spaţiul public, încât în mod real nu ştiu dacă le poţi cuprinde pe toate, nu le poţi explica, nu le poţi argumenta şi nu le poţi însuşi.

Regulile de organizare ale Francmasoneriei au la bază unele principii prin care membrilor nu li se impune nicio limită în căutarea Adevărului, având ca sistem de raportare principiile fundamentale ale Umanităţii: Adevărul, Dreptatea, Libertatea, Moralitatea, Toleranţa, Iubirea şi Ajutorarea între semeni.

Astfel, oricărui Francmason i se atrage atenţia în Constituţia Masonică faptul că trebuie să se supună "*legii oricărui stat în care îşi are domiciliul ori reşedinţa sau care îi poate oferi protecţie şi niciodată nu trebuie să-şi uite supunerea faţă de conducerea ţării sale natale*".

Un alt aspect important este cel prin care Masonii au interdicţia de a practica Ritualuri masonice neaprobate de Marea Lojă Naţională din România.

Aici este însă cheia întregii probleme care generează

discuţii legate de ce se poate şi ce nu se poate.

Ritualul este definit ca ceva care este caracteristic activităţii masonice, este făcut să puncteze şi să definească cele 3 grade simbolice pentru care o Mare Lojă nu îşi împarte autoritatea cu nimeni.

În afara Ritualurilor celor 3 Grade, mai sunt câteva Ritualuri specifice care conţin etape de deschidere şi închidere a temei respective (Doliu, Consacrare, etc).

În primul rând, trebuie să înţelegem că un Ritual este o succesiune de activităţi care implică gesturi, cuvinte, acţiuni sau obiecte, efectuate conform unei secvenţe stabilite.

Ritualurile sunt prescrise de tradiţiile imemoriale ale Francmasoneriei.

Prin definiţie, un Ritual este o derulare a unui flux ce are o terminologie specifică, prin care din "*nimic*", de la "*momentul zero*" în care te afli într-un spaţiu definit, se începe o succesiune de activităţi care implică gesturi, cuvinte, acţiuni sau obiecte, realizate pe baza unei secvenţe stabilite, până se ajunge ca în interiorul spaţiului, între cei prezenţi, să se consimtă existenţa unui salt la un alt nivel spiritual, cu o garantare a realizării unui cadru specific echivalent derulării activităţii într-un Grad Masonic.

În mod similar, Ritualul masonic prevede paşi şi etape bine definite care asigură ieşirea din această etapă către cea iniţială, respectiv "*momentul zero*" în care toţi se află într-o cameră decorată conform regulilor şi tradiţiilor.

În această carte nu voi aborda descrierea etapelor obligatorii ce trebuie parcurse prin Ritual pentru a se ajunge în "Camera" fiecărui Grad Masonic şi apoi pentru a se ieşi către "Camera Inferioară", până la ieşirea închiderea completă a ceea ce înseamnă simbolismul masonic, într-un spaţiu care este considerat sacru prin activitatea simbolică derulată conform Ritualului.

CEREMONIE ŞI RITUAL

Un Ritual se referă la un grup de acţiuni efectuate pentru valoarea lor simbolică.

O Ceremonie este efectuată cu o ocazie specială.

Aceasta este diferenţa majoră dintre cele două concepte.

Astfel, în cadrul Lojii, pe ordinea de zi a unei Ţinute deschisă şi apoi închisă prin Ritual aprobat de către Marea Lojă, se pot derula diferite activităţi şi discuţii organizatorice, sau prezentări de Planşe de Arhitectură cu teme prioritare din terminologia şi simbolistica masonică, dar şi teme culturale, artistice, sau fără origine masonică, fără a fi încălcate principiile obligatorii de respectat cu privire la ceea ce se poate discuta în Templu, în cadrul Ţinutei.

S-a observat în ultimul timp că, pe măsură ce tehnologia devine tot mai uşor de accesat, cei care prezintă Planşele de Arhitectură pot avea inclusiv suport audio, video, sonorizare, etc.

Aceste Planşe de Arhitectură, atâta timp cât respectă regulile de bază din cadrul Ritualului, sunt acceptate şi nu încalcă nicio prevedere.

În cadrul Ţinutelor cu participare mai largă s-au prezentat filme, s-au realizat mici scenete (tip piesă de teatru), s-au interpretat piese muzicale, unele chiar cu puternică influenţă profană, ca să mă exprim moderat.

În acest sens, CEREMONIILE prezentate în această carte trebuie înţelese şi acceptate ca şi Planşe de Arhitectură ce se pot realiza pe ordinea de zi, fără a încălca niciuna dintre prevederile existente.

Ce poate fi mai frumos decât să realizezi o Planşă în care să punctezi un moment deosebit în viaţa Lojii sub forma unei Ceremonii interne specifice?

Masoneria este cunoscută în mod public prin simboluri, alegorii şi principii. Dar degeaba cunoşti în mod teoretic superficial ceea ce este public, dacă nu şti sensul exact al acestora.

"Secretul masonic" constă în a descoperi calea spre perfecţionarea umană, dorinţa de autoperfecţionare permanentă, precum şi lucrul în Lojă, alături de Fraţii Francmasoni.

CEREMONIA DE ÎNVESTIRE A MAESTRULUI VENERABIL DIN TRECUT

CONSIDERAŢII PERSONALE

Modalitatea de derulare a Învestirii unui Maestru Venerabil Ales este realizată în aşa fel încât, în centrul atenţiei este aflat cel care preia conducerea Lojii pentru următoarea perioadă.

Meritele Maestrului Venerabil din Trecut şi apreciarea asupra activităţii sale, trec cumva în planul secund al Ţinutei de Iniţiere şi Instalare şi nu sunt scoase în evidenţă.

De aceea, un astfel de moment dedicat Maestrului Venerabil din Trecut este o obligaţie morală a Fraţilor din Lojă.

În acest sens, am realizat Ceremonia de Învestire a Maestrului Venerabil din Trecut, ca o ceremonie opţională, pentru acele Loji care doresc să urmeze tradiţia acordării recunoaşterii activităţii celui care a condus destinele Lojii în mandatul precedent, ca Maestru Venerabil.

PRECIZĂRI

Existenţa unei *Ceremonii pentru Învestirea unui Maestru Venerabil din Trecut* este o lucrare ce se desfăşoară în cadrul Lojii, sub forma unui moment festiv dedicat celui care a condus Loja în mandatul precedent.

Se recomandă Lojilor care doresc să practice această Ceremonie ca ea să fie efectuată într-o Ţinută Rituală ulterioară celei de Instalare a Maestrului Venerabil.

Acest moment festiv destinat Maestrului Venerabil din Trecut este recomandat să se desfăşoare într-o Ţinută ce are pe ordinea de zi doar acestă Ceremonie.

Ceremonia este oficiată conform tradiţiei de către Maestrul Venerabil Instalat şi Iniţiat.

Noul Maestru Venerabil Instalat şi Iniţiat poate însă să îşi transfere această prerogativă unui Maestru Venerabil din Trecut al Atelierului, care se presupune că are o experienţă mai vastă în oficierea unei astfel de ceremonii, caz în care Lucrările vor fi deschise şi conduse de acesta din urmă, deşi pentru importanţa şi simbolismul momentului, este de preferat ca această Ceremonie să fie condusă de către Maestrul Venerabil în exerciţiu.

Pe masa Secretarului se găsesc Şorţul şi Colanul

Maestrului Venerabil din Trecut.

La colan este ataşată bijuteria specifică reprezentată de Echer, de care este ataşată *"Demonstraţia teoremei lui Pitagora"*.

Ceremonia pentru Învestire a unui Maestru Venerabil din Trecut se derulează în Loja Ucenicilor, după ce Lucrările au fost deschise în Gradul 1.

PRESCURTĂRI

Pe parcursul Ceremoniei se folosesc următoarele prescurtări:

M∴V∴	- Maestru Venerabil
M∴V∴T∴I∴	- Maestru Venerabil din Trecutul Imediat
M∴V∴T∴	- Maestru Venerabil din Trecut
P∴S∴	- Prim Supraveghetor
A∴D∴S∴	- Al Doilea Supraveghetor
Orat∴	- Orator
Sec∴	- Secretar
Exp∴	- Expert
M∴C∴	- Maestru de Ceremonii
Ac∴	- Acoperitor

Loviturile de ciocan sunt marcate cu simbolul ![gavel].

CEREMONIA DE ÎNVESTIRE A MAESTRULUI VENERABIL DIN TRECUT

Ţinuta este deschisă în Gradul de Ucenic în conformitate cu Ritualul aflat în vigoare la data derulării Ceremoniei.

M.·.V.·.:

Iubiţi Fraţi, în acest Templu şi la această oră potrivită, conform vechilor tradiţii şi strǎvechilor ritualuri, ne-am întrunit pentru a săvârşi Lucrarea de Învestire precum şi aşezarea în stânga Tronul Regelui Solomon a unui nou Maestru Venerabil din Trecut al unei Loji Simbolice din Obedienţa Marii Loji Naţionale din România, iar eu ca Maestru Venerabil Iniţiat şi Instalat, sunt împuternicit de drept să oficiez această Ceremonie solemnă.

Fraţilor, în picioare, cu mâna dreaptă pe inimă şi cu faţa spre Orient.

Înainte de a trece la Ceremonia de astăzi, să cerem Binecuvântarea Marelui Arhitect pentru Lucrarea pe care o vom începe.

Frate Orator, te rog să îţi îndeplineşti atribuţiile.

Orat .·.:

Ajută-ne, Mare Arhitect al Universului, să primim

cu suflet liniştit tot ceea ce ne aduce fiecare moment al lucrării noastre.

Ajută-ne să ne lăsăm în Voia Ta şi în fiecare lucrare pe care o facem, să fii alături de noi să ne întăreşti.

Orice veste vom primi, bună sau rea, învaţă-ne să o acceptăm cu inima împăcată şi încrederea neclintită că Voinţa Ta stă asupra tuturora.

Struneşte-ne voinţa, învaţă-ne să ne rugăm, să sperăm, să credem, să iubim şi să iertăm, iar când o facem, Tu Însuţi să fii Cel care se roagă în noi.

Fie ca în tot ceea ce construim, Voia Ta să ne stăpânească cugetul şi simţirea.

Dă-ne nouă putere să lucrăm cu tărie şi înţelepciune pentru a putea duce povara lucrării noastre, pe care ţi-o dedicăm Ţie, Mare Arhitect al Universului.

M∴V∴:

Fraţilor, luaţi loc.

Frate Secretar, te rog să informezi Fraţii din Lojă cu privire la Respectabilul Frate care va primi astăzi Învestirea.

Sec∴:

Venerabile Maestru, Respectabilul Frate _______________ şi-a încheiat regulamentar mandatul de Maestru Venerabil, iar în locul său a fost ales, Iniţiat şi Instalat în mod regular şi conform cu strǎvechile precepte, tradiţii şi legi ale Ordinului nostru un alt membru al Lojii noastre ca Maestru Venerabil.

Respectabilul Frate _________________ a primit aprecierea tuturor Fraţilor în Camera Venerabililor din cadrul Ceremoniei de Iniţiere şi Instalare a noului Maestru Venerabil Ales.

În acest moment, Respectabilul Frate _________________ poate fi învestit ca Maestru Venerabil din Trecut.

M∴V∴:

Frate Maestru de Ceremonii, te rog să îl conduci pe Respectabilul Frate _________________ între Coloane.

M∴C∴ îl preia pe M∴V∴T∴I∴ de la Orient şi îl conduce între Coloane. M∴C∴ se asigură că M∴V∴T∴I∴ se află la mijlocul distanţei dintre Coloneta Forţei (dorică) şi cea a Frumuseţii (corintică). M∴C∴ face Semnul Penal, pune mâna dreaptă a M∴V∴T∴I∴ pe inima acestuia, apoi se retrage la locul său şi ia loc.

M∴V∴:

Respectabile Frate şi voi iubiţi Fraţi, membri ai Lojii _________________ Nr.___ , Or∴ _________________ , doresc să vă adresez câteva cuvinte cu privire la ceea ce înseamnă pentru Lojă un

Maestru Venerabil din Trecut.

[adresându-se tuturor Fraţilor]:

Iubiţi Fraţi, după un obicei din vremuri străvechi, după Iniţierea şi Instalarea noului Maestru Venerabil Ales, Fratele care a ocupat Demnitatea de Maestru Venerabil în mandatul precedent devine Maestru Venerabil din Trecutul Imediat şi îşi primeşte ca loc desemnat de drept în Lojă, la Orient, primul scaun din stânga Maestrului Venerabil, pe durata mandatului acestuia.

[adresându-se M∴V∴T∴I∴]:

Iubite Frate ___________________________, eşti pregătit să accepţi onoranta îndatorire de învestire în calitatea de Maestru Venerabil din Trecutul Imediat al acestei Loji şi să-ţi asumi obligaţiile caracteristice acestui oficiu?

M∴V∴T∴I∴:

Sunt pregătit, Venerabile Maestru!

M∴V∴:

Îţi mulţumesc, Frate.

În acest moment sunt gata cu plăcere să procedez la Învestirea ta ca Maestru Venerabil din Trecut.

Respectabile Frate ___________________________, toţi Fraţii din Loja ___________________, Nr.____, Or∴

_____________________ apreciază şi îţi mulţumesc pentru modul în care ţi-ai desfăşurat Lucrările de-a lungul anilor, precum şi contribuţia hotărâtoare la progresul Lojii noastre.

Tu, prin activitatea depusă în cadrul Atelierului, ai reuşit să ne insufli pasiunea pentru ceea ce trebuie să fie fiecare dintre noi pentru Loja în care lucrăm.

Munca de construcţie în cadrul Lojii şi activitatea profund frăţească alături de noi, plină de răbdare şi o perseverenţă ieşită din comun, din care toţi am avut atât de multe de învăţat, sunt un exemplu pentru noi toţi.

Respectabile Frate _____________________, în fapt tu schimbi numai locul în care vei sta în Lojă, dar nu îţi vei înceta activitatea şi obligaţiile pe care le ai faţă de Fraţii din Lojă, care ţi-au acordat această înaltă demnitate faţă de Loja noastră, faţă de Marea Lojă Naţională din România şi faţă de Masoneria Regulară Universală.

Obligaţia ta va fi să mă ajuţi pe mine, pe Maeştri Venerabili care au condus până acum Loja şi pe toţi Maeştri Venerabili care vor urma, în activitatea noastră, cu zel şi devotament pentru binele Ordinului în General şi faţă de această Lojă în particular şi să răspunzi chemării Fraţilor tăi din această Lojă ori de câte ori aceştia ţi-o vor cere.

În conformitate cu prevederile Constituţiei şi Regulamentului General al Marii Loji Naţionale din România, în absenţa Maestrului Venerabil, anumite prerogative trec asupra Maestrului Venerabil din

Trecut.

Aceasta înseamnă o răspundere suplimentară, dar şi o onoare pentru a contribui la conducerea şi progresul Lojii noastre.

[adresându-se M∴V∴T∴I∴] :

Consimţi şi promiţi să te străduieşti să îndeplineşti obligaţiile aferente unui Maestru Venerabil din Trecut?

M∴V∴T∴I∴:

Consimt şi promit.

M∴V∴:

De este aşa, îl voi ruga pe Maestrul de Ceremonii să te conducă la Altar, pentru ca tu să depui Jurământul solemn referitor la îndatoririle Maeştrilor Venerabili din Trecut.

Frate Expert, te rog să-i asişti.

M∴C∴ îl preia pe M∴V∴T∴I∴ şi îl conduce la Altar, iar Expertul îi urmează. Dacă este cazul, M∴C∴ îl instruieşte în şoaptă pe M∴V∴T∴I∴ să îşi scoată mănuşile.]

M∴V∴:

Frate ________________________, îngenunchează cu

genunchiul drept şi aşază mâna dreaptă pe cele Trei Mari Lumini ale Francmasoneriei Regulare Universale.

Acum, te rog să depui jurământul tău în prezenţa membrilor Lojii, pe cele 3 Mari Lumini ale Francmasoneriei Universale şi în faţa Marelui Arhitect al Universului.

Fraţilor, în picioare şi La Ordin!

M∴V∴ îi înmânează jurământul pentru a fi citit şi semnat.

M∴V∴T∴I∴:

Eu, ______________________

În prezenţa Marelui Arhitect al Universului şi în faţa Fraţilor acestui Atelier întrunit în mod regular, Jur să-mi respect toate angajamentele mele luate la Iniţierea mea ca Maestru Venerabil.

În prezenţa celor Trei Mari Lumini ale Francmasoneriei Regulare Universale, respectiv Volumul Legii Sacre, Echerul şi Compasul, mă angajez şi Jur, pe onoarea şi credinţa mea masonică, să nu folosesc autoritatea pe care mi-o acordă Fraţii, decât pentru binele Ordinului în general şi al acestui Atelier în particular.

Jur şi mă angajez să onorez demnitatea acordată de către Fraţi şi să răspund solicitărilor cu zel şi devotament, ori de câte ori aceştia mi-o vor cere.

Îmi iau aceste obligaţii fără echivoc sau îndoieli.

Jur să respect toate aceste angajamente luate în faţa Fraţilor din Lojă şi a Marelui Arhitect al Universului.

Fie ca Marele Arhitect al Universului să mă ajute să-mi respect acest jurământ al Maestrului Venerabil din Trecut.

Aşa să-mi ajute Marele Arhitect al Universului!

Toţi Fraţii:

Aşa să fie!

Toţi Fraţii fac Semnul Penal.

M∴V∴:

Iubite Frate Maestru Venerabil din Trecut, te rog să te ridici!

Fraţilor, luaţi loc!

M∴V∴ coboară de la Orient lângă M∴V∴T∴I∴. M∴C∴ îi pune M∴V∴T∴I∴ Şorţul de Maestru Venerabil din Trecut peste cel de Maestru şi apoi îl scoate pe acesta, urmând ca M∴V∴T∴I∴ să rămână doar cu Şorţul de M∴V∴T∴.

M.·.V.·.:

Te învestesc acum cu acest Şorţ de Maestru Venerabil din Trecut, semnul de onoare care va fi definitoriu pentru toată viaţa ta masonică.

M.·.C.·. îi pune M.·.V.·.T.·.I.·. Colanul de Maestru Venerabil din Trecut.

M.·.V.·.:

[potrivindu-i Colanul]

Te decorez acum cu acest Colan de care se află ataşat semnul şi bijuteria funcţiei tale - Echerul şi demonstraţia Teoremei lui Pitagora.

M.·.V.·. eliberează Bijuteria şi se întoarce la locul său.

Înainte de a te urca la Orient în stânga mea, în stânga Tronului Regelui Solomon, îl voi ruga pe M.·.V.·.T.·., care astăzi îţi va ceda locul pe care îl vei ocupa în stânga mea, să mă ajute şi să îţi explice câteva din tainele şi misterele Maestrului Venerabil din Trecutul Imediat.

M.·.V.·.T.·.:

Pitagora s-a născut în anul 580 I.H., pe insula Samos, în Grecia, şi a trăit aproximativ 80 de ani.

El a întemeiat Şcoala de Mistere de la Crotona şi Frăţia Pitagoreică.

Una dintre maximele pitagoreice renumite era: *"Nu trebuie spus tuturor totul."*

Învăţăturile lui Pitagora erau împărţite în două secţiuni: cele exoterice sau publice şi cele ezoterice sau secrete.

Pitagora spunea că omul se perfecţionează, în primul rând abţinându-se de la a face rău, făcându-şi datoria şi străduindu-se să se asemene naturii sale divine, în al doilea rând prin a le face bine celorlalţi, imitând divinitatea, şi în al treilea rând părăsindu-şi corpul muritor.

În mod surprinzător, Respectabile Frate, toate aceste principii se regăsesc la baza Frăţiei noastre.

Se pare că atunci când Pitagora încerca să găsească o demonstraţie pentru observaţiile sale despre laturile triunghiului dreptunghic, el a văzut o legătură între ariile pătratelor care se pot construi pe baza laturilor unui triunghi dreptunghic.

De aici se transferă ezoterismul definirii acestei bijuterii asociate Maestrului Venerabil din Trecut.

Unui segment putem să-i măsurăm lungimea, adică un segment luat individual are o singură dimensiune - lungimea sa.

Aşa, prin ezoterismul demonstraţiei, se trece de la o dimensiune la cea de-a doua prin faptul că lungimea unui segment este unidimensională, iar aria unui pătrat este bidimensională.

În Francmasonerie ţi se dau uneltele, iar ceea ce faci cu ele şi cât de departe duci construcţia ţine doar de tine.

Astfel, interpretarea simbolurilor ţine de tine şi cât de departe eşti dispus să mergi în căutarea ta.

Fie te mulţumeşti cu interpretarea că bijuteria Venerabilului din Trecut este un simbol al iubirii de arte şi ştiinţe şi o continuare firească a călătoriei începute la Echer (bijuteria Venerabilului în scaun), fie poţi ajunge la un stadiu nou de cunoaştere.

Trecerea din plan la verticală, care nu este străină Maeştrilor Masoni, trecerea de la a doua dimensiune la cea de-a treia, te va duce la descoperirea unor noi căi pe care sper să le împărtăşeşti cu noi ceilalţi Maeştri Venerabili din Trecut ai Lojii, dar să le şi dezvălui actualului Maestru Venerabil, când acesta îşi va încheia mandatul său, şi alt Maestru Mason va fi Ales, Instalat şi Iniţiat în Tronul Regelui Solomon în locul său.

Am zis!

M∴V∴T∴ face semnul Penal şi se aşază pe scaunul său.

M∴V∴:

Fraţilor, aceasta este calea Lojii noastre.

Unii dintre Fraţi au fost destinaţi să conducă, să acţioneze şi să înveţe, iar alţii să primească învăţătura și să asculte, dar pentru toți virtutea cea mai de preț este modestia.

Frații care au fost aleși să-l ajute pe Maestrul Venerabil la conducerea intereselor Lojii sunt buni cunoscători ai principiilor Francmasoneriei și a Legilor Ordinului.

Principiile Ordinului, bazate pe credință și dreptate, ne îndrumă să ne reglăm faptele noastre respectând cinstea și morala și ne îndreaptă conduita și gândurile noastre spre Adevăr.

Aici învățăm modestia, toleranța și disciplina, să fim credincioși Marelui Arhitect al Universului, să ne iubim Patria și să respectăm legile țării, să îi susținem pe Frații noștri aflați în necaz sau în suferință și să le aducem alinarea și compasiunea noastră.

Fraților, în picioare și La Ordin!

Să ne ajute Marele Arhitect al Universului ca aceste principii și aceste fundamente să fie păstrate în puritatea lor în această Lojă din generație în generație!

Așa să fie!

Toți Frații:

Așa să fie!

Toți Frații fac Semnul Penal.

M∴V∴:

Frate Maestru de Ceremonii, te rog să îl conduci pe Respectabilul Frate _________________________ la locul care îi este desemnat în Lojă pe mandatul în care voi ocupa Demnitatea de Maestru Venerabil al acestui Atelier.

Fraţilor, luaţi loc!

M∴C∴ îl conduce pe M∴V∴T∴I∴ la locul care i se cuvine acestuia în Lojă, apoi revine la locul său şi se aşază.

M∴V∴:

Iubiţi Fraţi, Ceremonia de Învestire a Maestrului Venerabil din Trecutul Imediat s-a încheiat.

Respectabile Frate M∴V∴T∴I∴, te rog să te adresezi Fraţilor.

M∴V∴T∴I∴:

____

După alocuţiunea M∴V∴T∴I∴, se urmează ordinea de zi sau luări de cuvânt în conformitate cu normele şi protocolul existent la data derulării Ceremoniei.

B
J

CEREMONIA DE ACORDARE A TITLULUI DE MAESTRU VENERABIL DE ONOARE AD VITAM

CONSIDERAŢII PERSONALE

Tradiţia Lojilor prevede ca pentru merite deosebite, atât unora dintre Maeştri Venerabili din Trecut care au condus Loja, precum şi altor Maeştri Venerabili ai altor Loji să li se confere titlul de Maestru Venerabil de Onoare Ad Vitam al respectivei Loji.

Modalitatea de derulare a acordării Titlului de Maestru Venerabil de Onoare Ad Vitam este o procedură internă al Lojii.

Consider că această variantă de Ceremonie este o modalitate protocolară şi plină de elemente simbolice, care pot da o altă "greutate" acordării unei astfel de titulaturi specifice unei Loji Simbolice.

De aceea, un astfel de moment este o obligaţie morală a Fraţilor din Lojă, care pot transforma un simplu gest într-o ceremonie festivă cu o altă conotaţie, atât pentru cel care primeşte titulatura, cât şi pentru membrii Lojii care participă la Ceremonie.

În acest sens am realizat Ceremonia de Acordare a Titlului de Maestru Venerabil de Onoare Ad Vitam, ca o ceremonie opţională, acelor Loji care doresc să urmeze tradiţia conferirii recunoaşterii activităţii celui care a adus un progres important în activitatea Lojii.

PRECIZĂRI

Existenţa unei Ceremonii pentru conferirea titlului de Maestru Venerabil de Onoare Ad Vitam este o lucrare ce se desfăşoară în cadrul Lojii, sub forma unui moment festiv dedicat celui care a primit acest titlu.

Se recomandă Lojilor care doresc să practice această Ceremonie ca ea să fie efectuată într-o Ţinută Rituală separată, în care pe ordinea de zi să fie doar acest moment solemn.

Ceremonia este oficiată conform tradiţiei de Maestrul Venerabil al Lojii care conferă titulatura. Maestrul Venerabil poate însă să îşi transfere această prerogativă unui Maestru Venerabil din Trecut al Atelierului, care se presupune că are o experienţă mai vastă în oficierea unei astfel de ceremonii.

Pe masa Secretarului se găseşte Distincţia ce va fi conferită Maestrului Venerabil de Onoare Ad Vitam.

Pe masa Oratorului se gaseşte Certificatul/Diploma ce îi va fi acordată Maestrului Venerabil de Onoare Ad Vitam.

Ceremonia pentru Învestire şi Certificare a unui Maestru Venerabil din Trecut se derulează în Loja Ucenicilor, după ce Lucrările au fost deschise în Gradul 1.

PRESCURTĂRI

Pe parcursul Ceremoniei se folosesc următoarele prescurtări:

M∴V∴   - Maestru Venerabil Iniţiat şi Instalat al Lojii

M∴V∴O∴A∴V∴ - Maestru Venerabil de Onoare Ad Vitam

M∴V∴T∴   - Maestru Venerabil din Trecut

P∴S∴   - Prim Supraveghetor

A∴D∴S∴   - Al Doilea Supraveghetor

Orat∴   - Orator

Sec∴   - Secretar

Exp∴   - Expert

M∴C∴   - Maestru de Ceremonii

Ac∴   - Acoperitor

Loviturile de ciocan sunt marcate cu simbolul .

CEREMONIA DE ACORDARE A TITLULUI DE MAESTRU VENERABIL DE ONOARE AD VITAM

Ţinuta este deschisă în Gradul de Ucenic în conformitate cu Ritualul aflat în vigoare la data derulării Ceremoniei.

M∴V∴:

Iubiţi Fraţi, în acest Templu şi la această oră potrivită, conform vechilor tradiţii şi străvechilor ritualuri, ne-am întrunit pentru a săvârşi Lucrarea de conferire a titlului de Maestru Venerabil de Onoare al Lojii noastre, iar eu ca Mastru Venerabil Iniţiat şi Instalat, sunt împuternicit de drept să oficiez această Ceremonie solemnă.

M∴V∴:

Fraţilor, în picioare, cu mâna dreaptă pe inimă şi cu faţa spre Orient.

Înainte de a trece la Ceremonia de astăzi, să cerem Binecuvântarea Marelui Arhitect pentru Lucrarea pe care o vom începe.

Frate Orator, te rog să îţi îndeplineşti atribuţiile

Toţi Fraţii, inclusiv cei aflaţi la Orient, se întorc

cu faţa spre Orient şi îşi pun mâna dreaptă în dreptul inimii.

Orat∴:

Ajută-ne, Mare Arhitect al Universului, să primim cu suflet liniştit tot ceea ce ne aduce fiecare moment al lucrării noastre.

Struneşte-ne voinţa, învaţă-ne să ne rugăm, să sperăm, să credem, să iubim şi să iertăm, iar când o facem, Tu Însuţi să fii Cel care se roagă în noi.

Fie ca în tot ceea ce construim, Voia Ta să ne stăpânească cugetul şi simţirea.

Dă-ne nouă putere să lucrăm cu tărie şi înţelepciune pentru a putea duce povara lucrării noastre pe care ţi-o dedicăm Ţie, Mare Arhitect al Universului.

M∴V∴:

Fraţilor, luaţi loc.

Frate Secretar, te rog să informezi Fraţii din Lojă cu privire la Respectabilul Frate care va primi astăzi titlul de Maestru Venerabil de Onoare Ad Vitam.

Sec∴:

Venerabile Maestru, Respectabilul Frate ________________________ este Maestru Venerabil (din Trecut) în cadrul Lojii ________________________, Nr. ______, Or∴ ________________________ .

Respectabilul Frate _________________________ a primit aprecierea tuturor Fraţilor din cadrul Lojii noastre şi conform deciziei din data de _________________________
a fost votat pentru a i se conferi titlul de Maestru Venerabil de Onoare Ad Vitam.

M∴V∴:

Frate Maestru de Ceremonii, te rog să îl conduci pe Respectabilul Frate _________________________ între Coloane.

M∴C∴. îl preia pe M∴V∴O∴A∴V∴. de la Orient şi îl conduce între Coloane. M∴C∴. se asigură că M∴V∴O∴A∴V∴. se află la mijlocul distanţei dintre Coloneta Forţei (dorică) şi cea a Frumuseţii (corintică). M∴C∴. face Semnul Penal, pune mâna dreaptă a M∴V∴O∴A∴V∴. pe inima acestuia, apoi se retrage la locul său şi ia loc.

M∴V∴:

Respectabile Frate şi voi iubiţi Fraţi, membri ai Lojii _________________________ , Nr. _____ , Or∴. _________________________ doresc să vă adresez câteva cuvinte cu privire la calificările necesare pentru ca un Frate să fie învestit de către o Lojă ca Maestru Venerabil de Onoare Ad Vitam.

[adresându-se tuturor Fraţilor]

Iubiţi Fraţi, pentru ca o Lojă să confere unui Frate titlul de Maestru Venerabil de Onoare Ad Vitam, este necesar ca respectivul Frate să îndeplinească anumite criterii obligatorii.

Astfel, Fratele trebuie să fie Maestru Mason în *good standing* în cadrul Marii Loji Naţionale din România.

Trebuie să fi fost Iniţiat şi Instalat în mod legal, regular şi în conformitate cu tradiţii şi obiceiuri ale Frăţiei noastre în Tronul Regelui Solomon al unei Loji Simbolice regulare.

Pentru a putea fi nominalizat în vederea votării de către Lojă a conferirii titlului de Maestru Venerabil de Onoare Ad Vitam trebuie să fi avut contribuţii reale la desfăşurarea activităţii Lojii noastre.

Îl voi ruga pe Fratele Secretar să reamintească meritele pentru care se poate conferi titulatura de Maestru Venerabil de Onoare Ad Vitam.

Sec.˙.:

Venerabile Maestru, Iubiţi Fraţi, titlul de Maestru Venerabil de Onoare Ad Vitam se conferă:

- pentru abnegaţia şi zelul cu care a slujit Loja sau i-a reprezentat şi promovat interesele;

- pentru contribuţiile excepţionale aduse la dezvoltarea Lojii;

- pentru merite extraordinare în dezvoltarea relaţiilor de colaborare şi prietenie între Loja care conferă distincţia şi alte Loji din Obedienţa

M∴L∴N∴R∴ sau din cadrul altor Mari Loji recunoscute de către M∴L∴N∴R∴;

- pentru merite extraordinare în dezvoltarea relaţiilor de colaborare şi prietenie între Loja care conferă distincţia şi Loja de apartenenţă a Fratelui care primeşte învestirea;

- pentru merite excepţionale în realizarea de acţiuni masonice comune între Loja care conferă distincţia şi Loja de apartenenţă a Fratelui care primeşte învestirea;

- pentru merite extraordinare în promovarea imaginii Lojii care conferă distincţia în cadrul Obedienţei Marii Loji a Fratelui decorat;

- pentru lucrarea masonică extraordinară şi exemplară realizată împreună cu Fraţii din cadrul Lojii care conferă distincţia;

- pentru ajutorul extraordinar oferit Fraţilor sau Lojii care conferă distincţia.

Iar, în cazul Maeştrilor Venerabili din Trecut ai Lojii se conferă şi pentru modul exemplar în care au condus Lucrările Atelierului pe perioada mandatului (mandatelor) ______________________.

M∴V∴:

[adresându-se M∴V∴O∴A∴V∴]

Iubite Frate ______________________, tu ai fost votat de către Fraţii acestei Loji pentru a primi titlul de Maestru Venerabil de Onoare Ad Vitam pentru:

[se punctează în mod concret motivul pentru care s-a acordat titulatura de M∴V∴O∴A∴V∴].

Eşti pregătit să accepţi onoranta îndatorire de învestire în calitatea de Maestru Venerabil de Onoare Ad Vitam al acestei Loji şi să-ţi asumi obligaţiile caracteristice acestui oficiu?

M∴V∴O∴A∴V∴:

Sunt pregătit, Venerabile Maestru !

M∴V∴:

Îţi mulţumesc, Frate.

În acest moment, sunt gata cu plăcere să procedez la Învestirea ta ca Maestru Venerabil de Onoare Ad Vitam al acestei Loji.

Respectabile Frate ________________________, toţi Fraţii din Loja ________________, Nr. ___, Or∴ ________________ apreciază şi îţi mulţumesc pentru modul în care ţi-ai desfăşurat lucrările precum şi contribuţia hotărâtoare la progresul Lojii noastre.

Tu, prin activitatea depusă în cadrul Atelierului ai reuşit să ne insufli pasiunea pentru ceea ce trebuie să fie fiecare dintre noi pentru Loja în care lucrăm.

Munca de construcţie în cadrul Lojii şi activitatea profund frăţească alături de noi, plină de răbdare şi o perseverenţă ieşită din comun, din care toţi am avut atât de multe de învăţat, sunt un exemplu pentru noi toţi.

[adresându-se M∴V∴O∴A∴V∴]:

Prin acceptarea primirii Titlului de Maestru Venerabil de Onoare Ad Vitam, consimţi şi promiţi să te străduieşti să îndeplineşti obligaţiile aferente unui Maestru Venerabil din Trecut al Lojii?

M∴V∴O∴A∴V∴:

Consimt şi promit.

M∴V∴:

De este aşa, îl voi ruga pe Maestrul de Ceremonii să te conducă la Altar, pentru ca tu să depui Jurământul solemn referitor la îndatoririle Maeştrilor Venerabili din Trecut.

Frate Expert, te rog să îi asişti.

M∴C∴ îl preia pe M∴V∴O∴A∴V∴ şi îl conduce la Altar, iar Expertul îi urmează. Dacă este cazul, M∴C∴ îl instruieşte în şoaptă pe M∴V∴O∴A∴V∴ să îşi scoată mănuşile.

M∴V∴:

Frate ______________________, îngenunchează cu genunchiul drept şi aşază mâna dreaptă pe cele Trei Mari Lumini ale Francmasoneriei Regulare Universale.

Acum, te rog să depui jurământul tău în prezenţa membrilor Lojii, pe cele 3 Mari Lumini ale Francmasoneriei Universale şi în faţa Marelui Arhitect al Universului.

Fraţilor, în picioare şi La Ordin!

M∴V∴ îi înmânează jurământul pentru a fi citit şi semnat.

M∴V∴O∴A∴V∴:

Eu, _________________________________

În prezenţa Marelui Arhitect al Universului şi în faţa Fraţilor acestui Atelier întrunit în mod regular, Jur să-mi respect toate angajamentele mele luate la Iniţierea mea ca Maestru Venerabil.

În prezenţa celor Trei Mari Lumini ale Francmasoneriei Regulare Universale, respectiv Volumul Legii Sacre, Echerul şi Compasul, mă angajez şi Jur, pe onoarea şi credinţa mea masonică, să onorez demnitatea acordată de către Fraţi şi să răspund solicitărilor, cu zel şi devotament, ori de câte ori aceştia mi-o vor cere.

Jur să respect toate aceste angajamente luate în faţa Fraţilor din Lojă.

Aşa să-mi ajute Marele Arhitect al Universului!

Toţi Fraţii:

Aşa să fie!

Toţi Fraţii fac Semnul Penal.

M∴V∴:

Iubite Frate Maestru Venerabil de Onoare Ad Vitam, te rog să te ridici şi să rămâi cu mâna dreaptă pe inimă!

M∴V∴O∴A∴V∴ se ridică singur şi rămâne în faţa Altarului în picioare, cu mâna dreaptă pe inimă.

M∴V∴ coboară de la Orient şi se opreşte în partea dreaptă a M∴V∴O∴A∴V∴.

M∴C∴ se află în partea stângă a M∴V∴O∴A∴V∴ şi îi pune acestuia la rever sau pe colanul textil distincţia aferentă.

M∴V∴:

Te învestesc ca Maestru Venerabil de Onoare Ad Vitam al Respectabilei Loji ___________________, Nr. ___ , Or∴ _________________ şi te rog să primeşti acum acest certificat care atestă şi confirmă Învestirea ta ca M∴V∴O∴A∴V∴ al acestei Loji.

Te rog să primeşti acum Tripla Acoladă Fraternă în numele tuturor membrilor acestei Respectabile Loji.

M∴V∴ îi acordă Tripla Acoladă Fraternă.

Te rog sa mă însoţeşti la Orient, unde vei sta alături de ceilalţi Maeştri Venerabili din Trecut si Maeştri Venerabili de Onoare al acestei Loji.

M∴V∴ urcă la Orient urmat de către M∴V∴O∴A∴V∴ şi fiecare îşi ocupă locul desemnat.

După ce aceştia s-au aşezat, M∴C∴ revine la locul său şi se aşază.

M∴V∴:

Fraţilor, aceasta este calea Lojii noastre.

Unii dintre Fraţi au fost destinaţi să conducă, să acţioneze şi să înveţe, iar alţii să primească învăţătura şi să asculte, dar pentru toţi virtutea cea mai de preţ este modestia.

Dragostea Fraternă ne va desemna pe noi în mod special ca oameni şi ca buni Francmasoni.

Să ne ajute Marele Arhitect al Universului ca aceste principii şi aceste fundamente să fie păstrate în puritatea lor în această Lojă din generaţie în generaţie!

Aşa să fie!

Toţi Fraţii:

Aşa să fie!

M∴V∴:

Fraţilor, luaţi loc!

Toţi Fraţii fac Semnul Penal.

M∴V∴:

Iubiţi Fraţi, ceremonia de Învestire a Maestrului Venerabil de Onoare Ad Vitam s-a încheiat.

Respectabile Frate M∴V∴O∴A∴V∴, te rog să te adresezi Fraţilor.

M∴V∴O∴A∴V∴:

____

După alocuţiunea M∴V∴O∴A∴V∴, se urmează ordinea de zi sau luări de cuvânt în conformitate cu normele şi protocolul existent la data derulării ceremoniei.

CEREMONIA DE ACORDARE A TITLULUI DE MEMBRU DE ONOARE AL LOJII

CONSIDERAŢII PERSONALE

Tradiţia Lojilor prevede ca pentru merite deosebite, atât unora dintre membrii Lojii, dar mai ales pentru Maeştri Masoni din alte Loji care au avut merite deosebite în activitatea curentă a Atelierului, să li se acorde titlul de Membru de Onoare al Lojii.

Modalitatea de derulare a conferirii acestui Titlu Onorific este o procedură internă al Lojii.

Consider că această variantă de derulare a acordării titlului onorific este o modalitate protocolară şi plină de elemente simbolice, ce pot da o altă "greutate" conferirii unei astfel de titulaturi specifice unei Loji Simbolice.

De aceea, un astfel de moment dedicat Membrului de Onoare al Lojii este o obligaţie morală a Fraţilor din Lojă, care pot transforma un simplu gest într-o ceremonie festivă cu o altă conotaţie, atât pentru cel care primeşte titulatura, cât şi pentru membrii Lojii care participă la Ceremonie şi înţeleg astfel însemnătatea unui Membru de Onoare al Lojii în care activează.

Am realizat Ceremonia de conferire a titlului de Membru de Onoare al Lojii ca o ceremonie opţională, pentru Lojile care doresc să confere recunoaşterea activităţii celui care a adus o contribuţie importantă în activitatea Atelierului.

PRECIZĂRI

Existența unei Ceremonii pentru acordarea titlului de Membru de Onoare al Lojii este o lucrare ce se desfășoară în cadrul Lojii, sub forma unui moment festiv dedicat celui care a primit acest titlu.

Se recomandă Lojilor care doresc să practice această Ceremonie ca ea să fie efectuată într-o Ținută Rituală separată, în care pe ordinea de zi să fie doar acest moment solemn.

Ceremonia este oficiată conform tradiției de Maestrul Venerabil al Lojii care conferă titulatura.

Maestru Venerabil poate însă să își transfere această prerogativă unui Maestru Venerabil din Trecut al Atelierului, care se presupune că are o experiență mai vastă în oficierea unei astfel de ceremonii, caz în care Lucrările vor fi deschise și conduse de acesta din urmă.

Pe masa Secretarului se găsește Distincția ce va fi conferită Membrului de Onoare al Lojii.

Pe masa Oratorului se gasește Certificatul/Diploma ce îi va fi acordată Membrului de Onoare al Lojii.

Ceremonia pentru acordarea titlului de Membru de Onoare al Lojii se derulează în Loja Ucenicilor, după ce Lucrările au fost deschise în Gradul 1.

PRESCURTĂRI

Pe parcursul Ceremoniei se folosesc următoarele prescurtări:

M∴V∴ - Maestru Venerabil Iniţiat şi Instalat al Lojii

M∴O∴ - Membru de Onoare al Lojii

M∴V∴T∴ - Maestru Venerabil din Trecut

P∴S∴ - Prim Supraveghetor

A∴D∴S∴ - Al Doilea Supraveghetor

Orat∴ - Orator

Sec∴ - Secretar

Exp∴ - Expert

M∴C∴ - Maestru de Ceremonii

Ac∴ - Acoperitor

Loviturile de ciocan sunt marcate cu simbolul .

CEREMONIA DE ACORDARE A TITLULUI DE MEMBRU DE ONOARE AL LOJII

Ţinuta este deschisă în Gradul de Ucenic, în conformitate cu Ritualul aflat în vigoare la data derulării Ceremoniei.

M∴V∴:

Iubiţi Fraţi, în acest Templu şi la această oră potrivită, conform vechilor tradiţii şi străvechilor ritualuri, ne-am întrunit pentru a săvârşi Lucrarea de Învestire a unui Membrul de Onoare al Lojii noastre, iar eu ca Mastru Venerabil Iniţiat şi Instalat, sunt împuternicit de drept să oficiez această Ceremonie solemnă.

Frate Secretar, te rog să informezi Fraţii din Lojă cu privire la Fratele care va primi astăzi Titlul de Membru de Onoare.

Sec∴:

Venerabile Maestru, Fratele _________________________ este Maestru Mason în cadrul Lojii _______________________, Nr. _____ , Or∴ _____________________ .

Fratele _____________________ a primit aprecierea tuturor Fraţilor din cadrul Lojii noastre şi conform deciziei din data de _____________________ a fost votat pentru a i se conferi titlul de Membru de Onoare al Lojii.

M.˙.V.˙.:

Frate Maestru de Ceremonii, te rog să îl conduci pe Fratele _______________________ între Coloane.

M.˙.C.˙. îl preia pe M.˙.O.˙. de la locul său şi îl conduce între Coloane. M.˙.C.˙. se asigură că M.˙.O.˙. se află la mijlocul distanţei dintre Coloneta Forţei (dorică) şi cea a Frumuseţii (corintică). M.˙.C.˙. face Semnul Penal, pune mâna dreaptă a M.˙.O.˙. pe inima acestuia, apoi se retrage la locul său şi ia loc.

M.˙.V.˙.:

Iubite Frate şi voi Fraţi ai Lojii _______________________, Nr. ____ , Or.˙. _______________________, doresc să vă adresez câteva cuvinte cu privire la calificările necesare pentru ca un Frate să primească titlul de Membru de Onoare al Lojii.

[adresându-se tuturor Fraţilor]:

Iubiţi Fraţi, pentru ca o Lojă să confere unui Frate titlul de Membru de Onoare, este necesar ca respectivul Frate să îndeplinească anumite criterii obligatorii.

Astfel, Fratele trebuie să fie Maestru Mason în *good standing* în cadrul Marii Loji Naţionale din România.

Pentru a putea fi nominalizat în vederea votării de

către Lojă a conferirii titlului de Membru de Onoare trebuie să fi avut contribuţii reale la desfăşurarea activităţii Lojii noastre.

Îl voi ruga pe Fratele Secretar să reamintească meritele pentru care se poate conferi titulatura de Membru de Onoare.

Sec∴:

Venerabile Maestru, Iubiţi Fraţi, titlul de Membru de Onoare Ad Vitam în cazul Maeştrilor din alte Lojii se conferă:

- pentru merite extraordinare în dezvoltarea relaţiilor de colaborare şi prietenie între Loja care conferă distincţia şi Loja de apartenenţă a Fratelui decorat;

- pentru merite excepţionale în realizarea de acţiuni masonice comune între Loja care conferă distincţia şi Loja de apartenenţă a Fratelui decorat;

- pentru merite extraordinare în promovarea imaginii Lojii care conferă distincţia în cadrul Obedienţei Marii Loji a Fratelui decorat;

- pentru lucrarea masonică extraordinară şi exemplară realizată împreună cu Fraţii din cadrul Lojii care conferă distincţia;

- pentru ajutorul extraordinar oferit Fraţilor sau Lojii care conferă distincţia.

În cazul Maeştrilor din Loja noastră se conferă:

- Maeştrilor Masoni care au împlinit vârsta de 60 de ani şi au o vechime masonică în Gradul III de cel puţin 5 ani;

- pentru o susţinută activitate masonică;

- pentru contribuţii excepţionale aduse la dezvoltarea Lojii;

- pentru lucrarea masonică remarcabilă şi exemplară realizată în cadrul Lojii;

- pentru susţinuta activitate de sprijinire şi promovare a imaginii şi intereselor Lojii în cadrul M∴L∴N∴R∴.

- pentru întreaga activitate masonică în Lojă.

M∴V∴:

[adresându-se M∴O∴]:

Iubite Frate ________________________, tu ai fost votat de către Fraţii aceşti Loji pentru a primi titlul de Membru de Onoare pentru:

____

[se punctează în mod concret motivul pentru care s-a acordat titulatura de M∴O∴]

Eşti pregătit să accepţi onoranta îndatorire de învestire în calitatea de Membru de Onoare al acestei Loji şi să-ţi asumi obligaţiile caracteristice acestui oficiu?

M∴O∴:

Sunt pregătit, Venerabile Maestru!

M∴V∴:

Îți mulțumesc, Frate.

În acest moment sunt gata cu plăcere să procedez la Învestirea ta ca Membru de Onoare al acestei Loji.

Frate _________________________, toți Frații din Loja _________________________, Nr. _____, Or∴ _________________________ apreciază și îți mulțumesc pentru modul în care ți-ai desfășurat lucrările precum și contribuția hotărâtoare la progresul Lojii noastre.

Tu, prin activitatea depusă în cadrul Atelierului ai reușit să ne insufli pasiunea pentru ceea ce trebuie să fie fiecare dintre noi pentru Loja în care lucrăm.

Munca de construcție în cadrul Lojii și activitatea profund frățească alături de noi, plină de răbdare și o perseverență ieșită din comun, din care toți am avut atât de multe de învățat sunt un exemplu pentru noi toți.

[adresându-se M∴O∴]:

Prin acceptarea primirii Titlului de Membru de Onoare, consimți și promiți să te strădui să îndeplinești obligațiile aferente unui Maestru al Lojii?

M∴O∴:

Consimt şi promit.

M∴V∴:

De este aşa, îl voi ruga pe Maestrul de Ceremonii să te conducă la Altar, pentru ca tu să depui Jurământul solemn referitor la îndatoririle Membrilor de Onoare.

Frate Expert, te rog să-i asişti.

M∴C∴ îl preia pe M∴O∴ şi îl conduce la Altar, iar Expertul îi urmează. Dacă este cazul, M∴C∴ îl instruieşte în şoaptă pe M∴O∴ să îşi scoată mănuşile.

M∴V∴:

Frate ________________________, îngenunchează cu genunchiul drept şi aşază mâna dreaptă pe cele Trei Mari Lumini ale Francmasoneriei Regulare Universale.

Acum, te rog să depui jurământul în faţa membrilor Lojii, pe cele 3 Mari Lumini ale Francmasoneriei Universale şi în faţa Marelui Arhitect al Universului.

Fraţilor, în picioare şi La Ordin!

Frate ________________________, repetă după mine:

Eu, ________________________

În prezenţa Marelui Arhitect al Universului şi în faţa

Fraților acestui Atelier întrunit în mod regular, Jur să-mi respect toate angajamentele mele luate la Inițierea mea ca Maestru Mason.

În prezența celor Trei Mari Lumini ale Francmasoneriei Regulare Universale, respectiv Volumul Legii Sacre, Echerul și Compasul, mă angajez și Jur, pe onoarea și credința mea masonică, să respect Regulamentul particular al acestui Respectabil Atelier.

Jur solemn toate acestea, fiind conștient că, de îmi voi încălca Jurământul prestat, voi fi judecat de către Frații mei ca un individ demn de dispreț, ce nu merită să aparțină Francmasoneriei Universale Regulare și dat uitării pe vecie.

Așa să-mi ajute Marele Arhitect al Universului!

Toți Frații:

Așa să fie!

Toți Frații fac Semnul Penal.

Maestrul Venerabil ia Spada Înflăcărată, coboară de la locul său prin partea dreaptă a mesei sale (privind de la Orient spre Occident) și se așază în spatele Altarului, cu fața spre Membrul de Onoare.

În cazul în care nu există suficient spațiu între Altar și Orient, Maestrul Venerabil se va așeza lângă Altar, pe latura de la Miazănoapte, cu fața spre spre Membrul de Onoare.

Ținând Spada Înflăcărată în mâna stângă, cu latul

lamei deasupra capului Candidatului, atingându-l uşor (peste Altar) şi ţinând ciocanul în mâna dreaptă, rosteşte:

M∴V∴:

Întru Gloria Marelui Arhitect al Universului, în numele Francmasoneriei Universale şi sub auspiciile Marii Loji Naţionale din România, în virtutea puterilor conferite mie, TE PRIMESC şi ÎŢI CONFER *(loveşte de câte trei ori câte trei lovituri de ciocan pe lama spadei),* titlul de MEMBRU DE ONOARE al Respectabilei Loji ________________________, Nr. ____, Or∴ ________________________ .

Maestrul Venerabil înmânează Spada Maestrului de Ceremonii, mută ciocanul în mâna stângă, iar cu mâna dreaptă apucă mâna dreaptă a Candidatului, îl ridică şi îi dă îmbrăţişarea fraternă, spunându-i:

M∴V∴:

Frate, primeşte Tripla Acoladă Fraternă, în numele tuturor Membrilor acestei Respectabile Loji.

După aceea îşi ia Spada de la Maestrul de Ceremonii şi se reîntoarce la locul său.

Frate Expert şi Frate Maestru de Ceremonii,

conduceţi-l pe Fratele ___________________ la Orient, în dreapta mea, unde va rămâne până la sfârşitul acestei Ţinute.

Pe viitor, el va lua loc alături de ceilalţi Maeştri, în primele rânduri ale Coloanelor.

După ce M∴O∴ este condus la Orient, M∴V∴ se ridică şi îi înmânează Certificatul/Diploma de Membru de Onoare şi spune:

M∴V∴:

Iubite Frate Membru de Onoare, îţi confer acum acest certificat care atestă şi confirmă învestirea ta ca M∴O∴ al acestei Loji.

Fraţilor, dedicând Marelui Arhitect al Universului tot ce am făcut bun şi util în această zi solemnă, să continuăm a proteja munca noastră şi să ne îndreptăm către perfecţiune.

Aşa să fie!

Toţi Fraţii:

Aşa să fie!

Toţi Fraţii fac Semnul Penal.

M∴V∴:

Luaţi loc, Fraţilor!

Iubiţi Fraţi, ceremonia de acordare a Titlului de Membru de Onoare a acestei Loji s-a încheiat.

Iubite Frate M∴O∴, te rog să te adresezi Fraţilor.

M∴O∴:

După alocuţiunea M∴O∴, se urmează ordinea de zi sau luări de cuvânt în conformitate cu normele şi protocolul existent la data derulării Ceremoniei.

CEREMONIA DE PLECARE A CALFELOR ÎN CĂLĂTORIA DE INSTRUIRE

CONSIDERAŢII PERSONALE

Conform tradiţiei masoneriei operative, Calfele efectuau călătorii de instruire pentru cunoaşterea realităţii exterioare şi aprofundarea cunoştinţelor.

În Francmasonerie, în cadrul Ceremoniei de acordare a Sporului de Salariu la gradul de Calfă, Candidatul efectuează cinci călătorii simbolice în care este instruit asupra domeniilor şi modalităţilor de perfecţionare.

Pe lângă aceste călătorii simbolice, s-a păstrat şi tradiţia efectuării unor călătorii de instruire în afara Lojii proprii, impunându-se Calfelor un anumit număr de vizite înainte de trecerea la gradul de Maestru.

Pornind de la aceste principii s-a realizat Ceremonia de plecare a Calfelor în Călătoria de Instruire, ca o ceremonie opţională, acelor Loji care doresc să urmeze tradiţia obligativităţii instruirii Calfelor şi în afara Lojii proprii.

PRECIZĂRI

Ceremonia de plecare a Calfelor în Călătoria de Instruire este o ceremonie opţională.

Se recomandă Lojilor care doresc să practice această ceremonie ca ea să fie efectuată într-o Ţinută Rituală ulterioară celei acordării Sporului de Salariu la gradul de Calfă.

Pentru desfăşurarea Ceremoniei de plecare a Calfelor în Călătoria de Instruire, se pregătesc următoarele:

- Pe masa Primului Supraveghetor se aşază câteva coli de hârtie albă şi un marker negru. Lângă masa acestuia se aşază câte un set de instrumente şi unelte (Ciocan, Daltă, Levier, Riglă, Echer, Compas, Nivelă şi Fir cu plumb) şi câte un toiag de călătorie pentru fiecare Calfă care urmează să plece în călătorie.

- Pe masa Trezorierului se plasează câte o traistă pentru fiecare Calfă care urmează să plece în călătorie.

- Pe masa Ospitalierului se pune o pâine.

Ceremonia de plecare a Calfelor în Călătoria de Instruire se desfăşoară în Camera Calfelor, după ce Lucrările au deschise conform Ritualului în Gradul 2.

PRESCURTĂRI

Pe parcursul Ceremoniei se folosesc următoarele prescurtări:

M.·.V.·.	- Maestru Venerabil
P.·.S.·.	- Prim Supraveghetor
A.·.D.·.S.·.	- Al Doilea Supraveghetor
Orat.·.	- Orator
Sec.·.	- Secretar
Exp.·.	- Expert
M.·.C.·.	- Maestru de Ceremonii
Trez.·.	- Trezorier
Osp.·.	- Ospitalier
Ac.·.	- Acoperitor
C.·.	- Calfă

Loviturile de ciocan sunt marcate cu simbolul .

CEREMONIA DE PLECARE A CALFELOR ÎN CĂLĂTORIA DE INSTRUIRE

Ţinuta este deschisă în Gradul de Calfă în conformitate cu Ritualul aflat în vigoare la data derulării Ceremoniei.

M∴V∴:

Fraţilor, conform vechilor tradiţii, Calfele, aflate în posesia mijloacelor şi obiectelor cunoaşterii, au călătorit dintotdeauna pentru a se perfecţiona prin cunoaşterea şi compararea tehnicilor de lucru ale altor Fraţi din întreaga lume, cu cele pe care le practicăm noi, în Loja noastră.

Frate Maestru de Ceremonii şi Frate Expert, conduceţi noile noastre Calfe între Coloane pentru a le pregăti în vederea plecării lor în călătorie!

Maestrul de Ceremonii îl preia pe Fratele Expert şi apoi pe noile Calfe care urmează să plece în călătorie, după care îi conduce între Coloane unde se opresc cu toţii cu faţa către Orient. Calfele execută Semnul Penal şi apoi trec în poziţia cu mâna dreaptă în dreptul inimii.

M∴V∴:

Frate Orator, sunt îndeplinite toate condiţiile pentru plecarea în călătorie a Calfelor?

Or∴:

Venerabile Maestru, suntem oare siguri că şi-au întipărit în inima lor traseul indicat de Steaua Înflăcărată, ghidul călătoriilor lor?

M∴V∴:

Frate Prim Supraveghetor, asigură-te că noile noastre Calfe cunosc traseul călătoriilor indicat de Steaua Înflăcărată!

Primul Supraveghetor trasează Steaua Înflăcărată cu o mişcare continuă, fără a ridica creionul (markerul) de pe hârtie, şi apoi desenează litera G în centrul acesteia, după care noile Calfe procedează la fel.

P∴S∴:

Venerabile Maestru, noile noastre Calfe au gravat Steaua Înflăcărată, simbolul în lumina căruia noi trebuie să căutăm în permanenţă Adevărul, Dreptatea şi Echitatea. Cunosc legile eterne care ne guvernează şi vor şti să le recunoască pe parcursul călătoriilor, meditând la simbolul literei G.

M∴V∴:

Frate Orator, sunt acum îndeplinite condiţiile pentru a lăsa noile noastre Calfe să plece în călătorie?

Or∴:

Nu au sacii de călătorie, Venerabile Maestru!

M∴V∴:

Frate Trezorier, îndeplineşte-ţi datoria!

Trezorierul ia poziţia la Ordin în gradul de Calfă şi însoţit de către Maestrul de Ceremonii se deplasează la Occident având traistele de călătorie agăţate pe braţul stâng. Ajuns la Occident, execută Semnul Penal, agaţă câte o traistă pe umărul stâng al fiecărei Calfe şi spune:

Trez∴:

Fie să poţi purta cu inima curată poverile vieţii!

Trezorierul însoţit de către Maestrul de Ceremonii se întoarce la locul său, execută Semnul Penal şi se aşază, după care Primul Supraveghetor spune:

P∴S∴:

Venerabile Maestru, noile noastre Calfe sunt înzestrate cu sacii de călătorie!

M.˙.V.˙.:

Frate Orator, le mai lipseşte ceva Calfelor?

Or.˙.:

Nu au unelte, Venerabile Maestru!

M.˙.V.˙.:

Frate Maestru de Ceremonii, îndeplineşte-ţi datoria!

Maestrul de Ceremonii ia de pe masa Primului Supraveghetor câte un set de unelte: Ciocan Daltă, Levier, Riglă, Echer, Compas, Nivelă şi Fir cu plumb şi le pune fiecărei Calfe în traistă.

P.˙.S.˙.:

Venerabile Maestru, noile noastre Calfe sunt înzestrate cu uneltele necesare pentru a lucra în alte Ateliere!

M.˙.V.˙.:

Frate Orator, ce le mai lipseşte acum Calfelor?

Or.˙.:

Nu au merinde, Venerabile Maestru!

M∴V∴:

Frate Ospitalier, îndeplineşte-ţi datoria!

Ospitalierul, având o traistă cu o pâine agăţată de braţul stâng, însoţit de către Maestrul de Ceremonii se deplasează în poziţia La Ordin la Occident, face Semnul Penal, scoate pâinea, o rupe în faţa Calfelor, introduce în traista fiecăruia câte o bucată şi punând mâna dreaptă pe umărul stâng al Calfei spune:

Osp∴:

Dacă vreodată, în ciuda meritelor tale vei fi lipsit într-o zi de pâine, adu-ţi aminte de Fraţii tăi!

Ospitalierul ia poziţia La Ordin şi însoţit de către Maestrul de Ceremonii se deplasează înapoi la locul său, execută Semnul Penal, se aşază, după care Primul Supraveghetor spune:

P∴S∴:

Venerabile Maestru, Calfele noastre au primit pâine!

M∴V∴:

Frate Orator, acum sunt gata Calfele?

Or∴:

Venerabile Maestru, drumul lor va fi lung şi dificil.

Le va fi util, cu siguranţă, să aibă la ei câte un toiag.

M.·.V.·.:

Frate Maestru de Ceremonii, înmânează-le Calfelor noastre toiegele lor de călătorie!

Maestrul de Ceremonii înmânează fiecărei Calfe câte un toiag de călător, spunându-i fiecăruia:

M.·.C.·.:

Să te ajute în clipele de oboseală şi să te apere în momentele dificile!

P.·.S.·.:

Venerabile Maestru, Calfele noastre sunt pregătite de plecare!

M.·.V.·.:

Fraţilor, în picioare şi La Ordin!

Fraţi Calfe, iată că a sosit momentul plecării voastre.

Noi v-am încredinţat secretele acestui grad, pe care ni le-au transmis înaintaşii noştri.

V-am învăţat tot ce ştiam pentru a putea merge să

lucraţi cu succes pe alte Şantiere.

V-am înzestrat cu Unelte, merinde şi toiege de călător.

În periplul vostru veţi fi susţinuţi de afecţiunea fraternă a Fraţilor voştri.

Mie nu-mi rămâne altceva, acum, decât să vă acord Tripla Acoladă Fraternă, în numele tuturor Fraţilor din această Lojă.

Maestrul de Ceremonii vine la Orient şi îl conduce pe Maestrul Venerabil la Occcident, unde acesta dă Tripla Acoladă Fraternă fiecărei Calfe care urmează să plece în călătorie, şoptind, în acest timp, la urechea fiecăreia:

M∴V∴:

Frate ______________________, mergi în pace şi fie ca lumina Stelei Înflăcărate să-ţi arate drumul!

Scurtă pauză.

M∴V∴:

Şi acum, Fraţi Calfe, pregătiţi-vă de plecare. Să vă întoarceţi cu capodopere demne de un Maestru şi vă vom primi înapoi printre noi cu bucurie!

Calfele se întorc cu faţa către Poarta Templului.

Acoperitorul deschide încet Poarta Templului şi Calfele părăsesc Templul, conduse de către Maestrul de Ceremonii, mergând încet şi bătând cu toiegele la fiecare pas.

Maestrul Venerabil face câţiva paşi în urma lor, ca şi cum ar dori să-i urmeze, dar este oprit de Acoperitor şi Expert care îşi incrucişeaza spadele în faţa Porţii.

Se stinge lumina, Templul rămânând în semiîntuneric.

Maestrul Venerabil îşi ridică braţul stâng făcând semne de adio. După câţiva paşi, Calfele sunt conduse din nou prin faţa Porţii de către Maestrul de Ceremonii, pentru a îi privi pentru ultima oară pe cei pe care îi părăsesc, după care se îndepărtează iar Maestrul de Ceremonii revine în Templu.

Acoperitorul închide Poarta Templului, iar Maestrul Venerabil rămâne câteva clipe cu faţa către Poartă, într-o stare de meditaţie.

Se reaprind luminile în Templu.

Maestrul de Ceremonii îl preia pe Maestrul Venerabil şi, urmat de Expert, îl conduce pe acesta la locul său după care ambii se întorc, conform procedurii deplasării ritualice, la locurile lor.

M.·.V.·.:

Fraţilor, luaţi loc!

Ne vom relua Lucrările în Loja Calfelor.

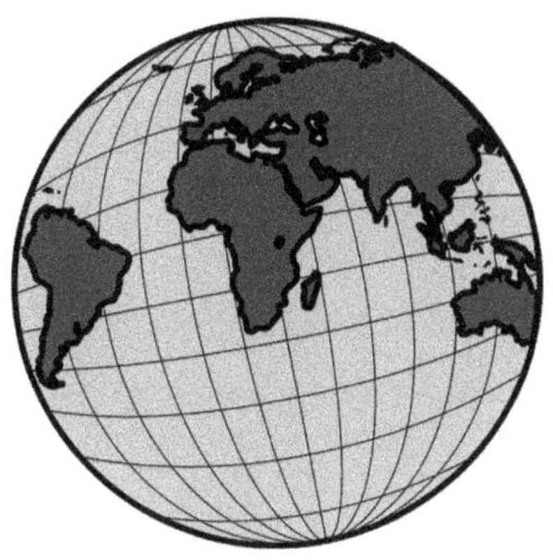

CEREMONIA DE PURIFICARE A UNUI TEMPLU MASONIC

CONSIDERAŢII PERSONALE

Tradiţia unor Loji prevede ca pentru a se derula Lucrările într-un mediu curat energetic şi spiritual, fără potenţiale *"încărcări"* distructive ale armoniei spirituale în timpul Lucrărilor, se obişnuieşte să se deruleze o Ceremonie de curăţare sau purificare a Spaţiului Sacru.

Modalitatea de derulare a acestei Ceremonii este o procedură internă al Lojii, care se derulează înainte de începerea pregătirilor pentru Ţinută, fără regalia.

Aşa cum după o Ţinută Rituală, la sfârşitul unei zile sau la o anumită perioadă se face în mod firesc curăţenie în sala care este consacrată ca şi Templu, este din când în când necesar să se realizeze şi curăţenia spiritual-energetică a spaţiului consacrat ca Templu Masonic.

Există nenumărate cazuri binecunoscute în care, în spaţiile desemnate Templelor se derulează şi alte activităţi în intervalele de timp în care nu se realizează Ţinute Rituale şi în această situaţie, este obligatorie purificarea.

Este posibil ca în clădirea în care este amenajat Templul să se desfăşoare şi alte activităţi atunci când nu se derulează Ţinute Rituale, iar în mod accidental, unii profani să găsească intrarea fizică în sala amenajată ca

Templu şi să pătrundă în Spaţiul Sacru.

Pentru a elimina efectele oricărei potenţiale astfel de situaţii, este de preferat să se deruleze pentru siguranţă o ceremonie de curăţare/purificare a Templului înainte de începerea Ţinutei.

Nu în ultimul rând, ne confruntăm cu cea mai întâlnită situaţie: aceea a curăţeniei fizice care se derulează în mod constant şi periodic în spaţiul Sacru.

Persoanele care realizează această activitate pătrund în spaţiul sacru al Templului cu gândurile şi problemele personale şi de ce nu, poate chiar în mod subconştient, au gânduri contrare activităţii masonice, ca să mă exprim blând în acest sens.

Astfel, şi pentru cea mai banală situaţie care se întâlneşte în fiecare Templu Masonic, este necesară purificarea acestui spaţiu consacrat, în mod periodic.

Deoarece s-a constatat că se doreşte o uniformizare a unei astfel de Ceremonii, am realizat această versiune, ca o modalitate ce reuneşte cele mai multe idei şi păreri despre purificarea unui Templu.

În acest sens, Ceremonia de purificare/curăţare a unui Templu Masonic, este o ceremonie opţională, destinată acelor Loji care doresc să urmeze tradiţia şi să fie sigure că armonia Lucrărilor nu poate fi tulburată de elemente externe Lojii.

PRECIZĂRI

Existenţa unei Ceremonii pentru Purificarea/ Curăţarea Templului Masonic este o Lucrare ce se desfăşoară în cadrul Lojii, sub forma unui moment agreat de către cei care o derulează.

Se recomandă Lojilor care doresc să practice această Ceremonie ca ea să fie efectuată înainte de ora la care este convocată Loja pentru Ţinută şi în mod clar cei prezenţi în Ceremonie să nu poarte regalia.

Ceremonia este oficiată conform tradiţiei de către Maestrul Venerabil al Lojii, care se asigură de curăţarea iniţiatică a Spaţiului Sacru.

Maestru Venerabil poate însă să îşi transfere această prerogativă unui Maestru Venerabil din Trecut al Atelierului, care se presupune că are o experienţă mai vastă în oficierea unei astfel de Ceremonii.

Pentru Ceremonia de Purificare, poziţiile implicate în derularea acesteia pot fi ocupate de către Maeştri Venerabili din Trecut, care au o mai mare experienţă în derularea ceremoniilor din cadrul Lojii.

Suita de Purificare:

• Maestrul Venerabil va avea în mână o lumânare aprinsă;

- Primul Supraveghetor va avea în mână un bol cu apă;

- Al Doilea Supraveghetor va avea în mână o tăviţă pe care se află elementul de purificare prin aer - conform deciziei Lojii.

Pentru purificarea prin aer se pot folosi:

- Un evantai;

- Tămâie (pregătită pentru a fi aprinsă în cădelniţă sau căţui);

- Frunze de dafin aşezate într-un bol pentru a fi arse;

- Salvie;

- Lemn de Palosanto.

Deplasarea în Templu se face în mod normal dextrocentric (sensul acelor de ceasornic). Numai parcurgerea traseului în jurul Pavajului Mozaicat de către Expert şi Maestrul de Ceremonii se face în sens sinistrocentric (invers acelor de ceasornic).

PRESCURTĂRI

Pe parcursul Ceremoniei se folosesc următoarele prescurtări:

M.˙.V.˙.O.˙.P.˙.	- Maestru Venerabil care Oficiază Purificarea
P.˙.S.˙.	- Prim Supraveghetor
A.˙.D.˙.S.˙.	- Al Doilea Supraveghetor
Orat.˙.	- Orator
Sec.˙.	- Secretar
Exp.˙.	- Expert
M.˙.C.˙.	- Maestru de Ceremonii
Ac.˙.	- Acoperitor

CEREMONIA DE PURIFICARE A UNUI TEMPLU MASONIC

Ceremonia se desfăşoară înainte de începerea pregătirilor pentru Ţinută. Fraţii care participă la Ceremonie NU vor purta regalia.

INTRAREA ÎN SPAŢIUL TEMPLULUI

Înaintea de începerea Ceremoniei, în spaţiul Templului intră numai Expertul, Maestrul de Ceremonii şi Acoperitorul care vor lucra în cadrul Ceremoniei de Purificare.

Toţi ceilalţi Fraţi care participă la Ceremonia de Purificare aşteaptă în afara sălii consacrată ca Templu Masonic.

Pentru a le permite Fraţilor intrarea în spaţiul Templului, Acoperitorul şi Expertul se vor aşeza în interior, de o parte şi de alta a Porţii de intrare.

Acoperitorul va sta pe latura de Miazăzi, în dreptul Coloanei Jachin, înspre Orient, iar Expertul faţă în faţă cu Acoperitorul, pe latura de Miazănoapte, în dreptul Coloanei Boaz, înspre Orient.

Poziţionat între Coloanele Jachin şi Boaz, Maestrul de Ceremonii îi invită să intre în Templu pe Fraţii participanţi la Ceremonie cu voce liniştită şi fără ton ridicat. Îi instruieşte în prealabil să nu salute/se încline la intrare.

După ce realizează fiecare anunţ, înaintează câţiva paşi, pentru a face loc Fraţilor să intre şi apoi îi conduce la locurile desemnate.

M∴C∴:

Sunt invitaţi să intre Fraţii Ucenici/Calfe/Maeştri

Pentru fiecare categorie de Fraţi invitaţia se va face separat.

Ofiţerii şi Demnitarii Lojii vor intra împreună cu Fraţii Maeştri.

Maestrul de Ceremonii le indică tuturor să ia loc pe scaunele desemnate, imediat ce au ajuns în dreptul acestora.

M∴C∴:

Conform tradiţiei, vor fi introduşi în Templu Invitaţii de Marcă.

Intră _________________ *(funcţia Invitatului de marcă)*, Respectabilul/Drept Respectabilul/Prea Respectabilul Frate _________________ *(numele)*.

După intrarea fiecărui invitat la Ceremonie, Maestrul de Ceremonii le indică să ia loc pe scaunele desemnate, imediat ce au ajuns în dreptul acestora şi se întoarce înapoi între coloane.

DESFĂŞURAREA LUCRĂRILOR DE PURIFICARE A TEMPLULUI

M.∴C.∴:

Conform tradiţiei, va fi introdusă în Templu Suita care va Purifica acest Spaţiu Sacru.

Vă rog să vă ridicaţi în picioare şi să puneţi mâna dreaptă pe inimă.

Maestrul de Ceremonii îl preia pe Expert şi se deplasează dincolo de Poarta Templului, după care îi invită pe Fraţii din Suita pentru Purificare să intre, aceasta făcându-se în următoarea ordine:

- *Maestrul de Ceremonii;*

- *Al Doilea Supraveghetor, care va avea în mână o tăviţă pe care se află elementul de purificare prin aer;*

- *Primul Supraveghetor, care va avea în mână un bol cu apă;*

- *Maestrul Venerabil, care va avea în mână o lumânare aprinsă;*

- *Expertul.*

Suita de Consacrare intră în Templu şi se parcurge un tur complet al Templului în sens dextrocentric (sensul acelor de ceasornic) iar pe măsură ce fiecare dintre M∴V∴, P∴S∴, A∴D∴S∴ ajunge în dreptul locului său din Templu iese din suită şi se aşază la locul său.

La final, M∴C∴ mai face un tur complet pentru a-l lăsa pe Expert la locul lui şi apoi se opreşte şi se aşază la locul său.

M∴V∴O∴P∴:

Luaţi loc, Fraţilor.

M∴V∴O∴P∴:

Fraţilor, acest spaţiu a fost purificat prin elemente: Aer, Apă şi Foc.

Pământul pe care se află construit a fost curăţat de umbra din adâncuri.

De la ultima noastră lucrare, este posibil ca forţe meschine şi rău voitoare să îşi fi făcut loc în acest spaţiu, atâta timp cât noi nu am fost aici să îl păzim.

Înainte de a începe lucrarea noastră de astăzi, să ne unim în spirit pentru a putea să alungăm tot ceea ce ne strică armonia. Să ne întoarcem cu faţa către Orient, cu reverenţă şi mâna dreaptă pe inimă.

Frate Orator, te rog să invoci protecţia Marelui Arhitect al Universului.

Orat∴:

Mare Arhitect, în Tine ne punem toată nădejdea şi pazei Tale ne încredinţăm întrega noastră lucrare.

Numai Tu cunoşti pricina răului care poate să bântuie între noi şi numai Tu eşti dezlegarea tuturor legăturilor făcute cu răutate, ură şi invidie.

De Tine toţi demonii ştiu şi se cutremură.

Deci pe Tine Te rugăm, Mare Arhitect al Universului, să îndepărtezi de aici orice s-a făcut contrar principiilor şi legilor noastre.

Tu eşti întărirea şi scăparea noastră şi Ţie îţi dedicăm toate lucrările noastre!

Aşa să fie!

Toţi Fraţii:

Aşa să fie!

M∴V∴O∴P∴:

Fraţilor, să ne reluăm locurile.

Toţi Fraţii prezenţi se aşază.

Fraţilor, amintiţi-vă că o purificare este ca o renaştere.

P∴S∴:

În timp ce o purificare fizică ajută şi susţine sănătatea şi starea de bine, curaţă şi îmbunătăţeşte microclimatul necesar desfăşurării activităţii noastre în Templu, o curăţare spirituală şi energetică menţine un flux continuu de energie pozitivă în lucrările pe care le derulăm în Atelier, în acest Templu.

A∴D∴S∴:

Energiile negative aduse în acest Templu de către cei care au pătruns în Spaţiul Sacru în timpul în care noi nu am fost aici, pot fi de multe ori suficient de puternice pentru a ne consuma, pentru a ne induce stări şi gânduri de tristeţe, furie, dubii sau vină.

Pot fi emoţii nocive care ne împovărează şi pot afecta armonia lucrărilor noastre.

Orat∴:

Pentru o curăţare profundă a acestui Spaţiu Sacru, a spiritului care ne conduce în frumuseţea, forţa şi înţelepciunea lucrărilor noastre, este necesar să ne acordăm câteva momente de reculegere, pentru a înţelege de unde pornesc aceste vibraţii, care este izvorul ce le alimentează şi ce le face să rămână în preajma noastră.

Urmează o scurtă pauză.

Sec∴:

Înţelegând ce se întâmplă, alegând să acţionăm şi să urmăm o Ceremonie de Purificare, ne vom reconecta cu noi înşine, ne vom regăsi şi vom renaşte spiritual, îmbunătăţind întreaga calitate a lucrărilor Lojii, asigurând pacea şi armonia tuturor lucrărilor care se vor derula în acest Templu, atât timp cât el va fi păzit şi asigurat de prezenţa noastră.

M∴V∴O∴P∴:

Fraţilor, să fim încrezători că în casa noastră vom fi cu adevărat protejaţi şi niciodată agitaţia lumii profane nu va tulbura armonia lucrărilor noastre.

Să avem încredere că în interiorul acestor ziduri vom fi feriţi de orice rău, de oameni cu rele intenţii, de energie negativă.

Templul nostru a fost purificat prin elemente.

Pământ, Aer, Apă, şi *Foc.*

Dacă cineva a fost atât de nesăbuit să încerce să ne perturbe armonia, noi, în înţelepciunea ce ne-a fost transmisă de către înaintaşii noştri, vom curăţa tot ceea ce nu este conform regulilor şi principiilor noastre prin aceleaşi elemente care au consacrat această Lucrare Masonică.

Frate Maestru de Ceremonii şi Frate Expert, îndepliniţi-vă datoria.

Maestrul de Ceremonii îl preia pe Fratele Expert şi împreună se îndreaptă către masa Maestrului Venerabil, de unde Fratele Expert preia lumânarea aprinsă.

Maestrul de Ceremonii îl conduce pe Fratele Expert într-un tur al Pavajului Mozaicat.

Se vor deplasa către colţul de Nord-Est.

De aici se vor deplasa în sens sinistrocentric (invers acelor de ceasornic) către Nord-Vest, Sud-Vest şi Sud-Est.

Se vor opri în fiecare dintre cele patru colţuri ale Pavajului Mozaicat.

Expertul va ţine lumânarea în mâna stângă şi cu mâna dreaptă face vânt cu mâna, ca şi cum ar trimite focul dinspre interiorul Pavajului Mozaicat către laturile Templului

Când aceştia au ajuns la colţul de Nord-Est, Maestrul Venerabil se ridică în picioare şi spune:

M∴V∴O∴P∴:

Fraţilor, dacă acest Templu a fost pângărit şi cineva a făcut în aşa fel încât să ne strice armonia lucrărilor, acela nu poate fi decât un profan.

Când Expertul şi Maestrul de Ceremonii ajung la colţul de Nord-Vest, Maestrul Venerabil spune:

M∴V∴O∴P∴:

Parcurgem ceremonia noastră în sensul specific lor şi astfel vom da timpul înapoi pentru a alunga de aici orice gând sau energie lăsată să ne încalce spaţiul sacru.

Când Expertul şi Maestrul de Ceremonii ajung la colţul de Sud-Vest, Maestrul Venerabil spune:

M∴V∴O∴P∴:

Când ne simţim încrezători în casa noastră, ea ne ajută cu adevărat. Gândiţi-vă că în interiorul acestor ziduri vom fi feriţi de orice rău, de oameni cu rele intenţii, de energie negativă.

Când Expertul şi Maestrul de Ceremonii ajung la colţul de Sud-Est, Maestrul Venerabil spune:

M∴V∴O∴P∴:

Focul Sacru purifică şi ajută cu adevărat să ne protejăm propria casă de rău, ură, invidie şi alte sentimente şi emoţii negative.

Maestrul de Ceremonii îl conduce pe Fratele Expert către Orient, unde acesta îi predă Maestrului Venerabil. Cei doi aşteaptă la baza Orientului.

Maestrul Venerabil preia Focul Sacru și realizează un tur al Orientului și spune:

M∴V∴O∴P∴:

Dacă ceva ne deranjează, dacă suntem chinuiți de îndoieli și temeri, să ne așezăm lângă Focul Sacru și să ne concentrăm pe flacăra lui.

Să încercăm să ne bucurăm de contemplarea focului sacru, să îi admirăm lumina galbenă și apoi doar să spunem flăcării ce ne pasă cu adevărat, ce ne împiedică să lucrăm în pace și armonie și să simțim în mod real dragostea fraternă.

După ce Maestrul Venerabil a terminat turul Orientului, predă Focul Sacru Fratelui Expert și spune:

M∴V∴O∴P∴:

Frați Supraveghetori, asistați-mă la purificarea Templului nostru și prin focul sacru să scoatem de aici orice ar fi fost făcut contrar principiilor noastre.

Fratele Expert, însoțit de către Maestrul de Ceremonii - circulând normal, dextrocentric - predă Focul Sacru Primului Supraveghetor.

Cei doi rămân lângă masa Primului Supraveghetor.

Primul Supraveghetor se deplasează dextrocentric

către Orient şi se opreşte la baza Orientului pe latura de Miazăzi.

De aici se deplasează către Occident.

Va ţine lumânarea în mâna stângă şi cu mâna dreaptă face vânt cu mâna, ca şi cum ar trimite focul la Orient, de-a lungul Coloanei de Miazăzi către Occident.

Ajuns la locul lui, predă lumânarea aprinsă Fratelui Expert, care o preia şi condus de către Maestrul de Ceremonii o duce la Masa celui de-Al Doilea Supraveghetor şi o predă acestuia.

Cei doi se deplasează între coloane unde îl aşteaptă pe Al Doilea Supraveghetor.

Al Doilea Supraveghetor se deplasează către Orient şi se opreşte la baza Orientului pe latura de Miazănoapte. De aici se deplasează către Occident.

Va ţine lumânarea în mâna stângă şi cu mâna dreaptă face vânt cu mâna, ca şi cum ar trimite focul la Orient, de-a lungul Coloanei de Miazănoapte către Occident.

Ajuns la Occident, predă lumânarea aprinsă Fratelui Expert, care o preia.

Al Doilea Supraveghetor se întoarce la locul său, direct.

Expertul este condus de către Maestrul de Ceremonii la Orient şi înmânează lumânarea Maestrului Venerabil, care o pune pe masa sa, apoi spune:

M∴V∴O∴P∴:

Frate Maestru de Ceremonii şi Frate Expert, îndepliniţi-vă datoria.

Maestrul de Ceremonii îl preia pe Fratele Expert şi împreună se îndreaptă către masa Primului Supraveghetor, de unde Fratele Expert preia bolul cu apă.

Maestrul de Ceremonii îl conduce pe Fratele Expert într-un tur al Pavajului Mozaicat.

Se vor deplasa în mod normal până vor ajunge în colţul de Nord-Est.

De aici se vor deplasa în sens sinistrocentric (invers acelor de ceasornic) către Nord-Vest, Sud-Vest şi Sud-Est.

Se vor opri în fiecare dintre cele patru colţuri ale Pavajului Mozaicat.

Expertul ţine bolul cu apă în mâna stângă şi stropeşte cu mâna dreaptă simbolic, ca şi cum ar trimite apa dinspre interiorul Pavajului Mozaicat către laturile Templului.

Când cei doi au ajuns la colţul de Sud-Est, Maestrul Venerabil se ridică în picioare şi spune:

M∴V∴O∴P∴:

Fraţilor, dacă acest Templu a fost pângărit şi cineva a făcut în aşa fel încât să ne strice armonia lucrărilor, acela nu poate fi decât un profan.

Maestrul Venerabil se aşază.

Când Expertul şi Maestrul de Ceremonii ajung la colţul de Sud-Vest, Primul Supraveghetor se ridică în picioare şi spune:

P∴S∴:

Parcurgem ceremonia noastră în sensul specific lor şi astfel vom da timpul înapoi pentru a alunga de aici orice gând sau energie lăsată să ne încalce spaţiul sacru.

Când Expertul şi Maestrul de Ceremonii ajung la colţul de Nord-Vest, Primul Supraveghetor spune:

P∴S∴:

Când ne simţim încrezători în casa noastră, ea ne ajută cu adevărat. Gândiţi-vă că în interiorul acestor ziduri vom fi feriţi de orice rău, de oameni cu rele intenţii, de energie negativă.

Când Expertul şi Maestrul de Ceremonii ajung la colţul de Nord-Est, Primul Supraveghetor spune:

P.˙.S.˙.:

Apa purifică şi ajută cu adevărat să ne protejăm propria casă de rău, ură, invidie şi alte sentimente şi emoţii negative.

Maestrul de Ceremonii îl conduce pe Fratele Expert către Orient, unde acesta îi predă bolul cu apă Maestrului Venerabil. Cei doi aşteaptă la baza Orientului.

Maestrul Venerabil preia bolul cu apă şi realizează un tur al Orientului. Va ţine bolul cu apă în mâna stângă şi va stropi cu mâna dreaptă simbolic, ca şi cum ar trimite apa dinspre Orient către laturile Templului.

După ce Maestrul Venerabil a terminat turul Orientului, predă bolul cu apă Fratelui Expert şi spune:

M.˙.V.˙.O.˙.P.˙.:

Fraţi Supraveghetori, asistaţi-mă să purificăm Templul prin Apă şi să scoatem din spaţiul sacru orice ar fi fost făcut contrar principiilor noastre.

Fratele Expert, însoţit de către Maestrul de Ceremonii - circulând normal, dextrocentric - predă bolul cu apă Primului Supraveghetor.

Cei doi rămân lângă masa Primului Supraveghetor.

Primul Supraveghetor se deplasează către Orient și se oprește la baza Orientului pe latura de Miazăzi.

De aici se deplasează către Occident.

Va ține bolul cu apă în mâna stângă și va stropi cu mâna dreaptă simbolic, ca și cum ar trimite apa dinspre Orient de-a lungul Coloanei de Miazăzi, către Occident.

Ajuns la locul lui, predă bolul cu apă Fratelui Expert, care îl preia și condus de către Maestrul de Ceremonii, îl duce la masa celui de-Al Doilea Supraveghetor și îl predă acestuia.

Primul Supraveghetor se așază la locul său.

Fratele Expert și Maestrul de Ceremonii rămân langă masa celui de-Al Doilea Supraveghetor.

Al Doilea Supraveghetor se deplasează către Orient și se oprește la baza Orientului pe latura de Miazănoapte.

De aici se deplasează către Occident.

Va ține bolul cu apă în mâna stângă și va stropi cu mâna dreaptă simbolic, ca și cum ar trimite apa dinspre Orient de-a lungul Coloanei de Miazănoapte către Occident.

Ajuns la Occident, pune bolul cu apă pe masa Primului Supraveghetor și se întoarce la locul său.

M∴V∴O∴P∴:

Frate Maestru de Ceremonii și Frate Expert,

îndepliniţi-vă datoria.

Maestrul de Ceremonii şi Fratele Expert care se află lângă masa celui de-Al Doilea Supraveghetor, preiau elementul stabilit pentru purificarea prin aer.

Maestrul de Ceremonii îl conduce pe Fratele Expert într-un tur al Pavajului Mozaicat.

Se vor deplasa în mod normal, dextrocentric, până vor ajunge în colţul de Nord-Est.

De aici se vor deplasa în sens sinistrocentric (invers acelor de ceasornic) către Nord-Vest, Sud-Vest şi Sud-Est.

Se vor opri în fiecare dintre cele patru colţuri ale Pavajului Mozaicat.

Expertul va ţine elementul stabilit pentru purificarea prin aer în mâna stângă şi cu mâna dreaptă va face vânt de trei ori, ca şi cum ar trimite aerul dinspre interiorul Pavajului Mozaicat către laturile Templului.

Când aceştia au ajuns la colţul de Nord-Est, Maestrul Venerabil se ridică în picioare şi spune:

M∴V∴O∴P∴:

Fraţilor, dacă acest Templu a fost pângărit şi cineva a făcut în aşa fel încât să ne strice armonia lucrărilor, acela nu poate fi decât un profan.

Maestrul Venerabil se aşază.

Când Expertul şi Maestrul de Ceremonii ajung la colţul de Nord-Vest, Al Doilea Supraveghetor se ridică în picioare şi spune:

A∴D∴S∴:

Parcurgem ceremonia noastră în sensul specific lor şi astfel vom da timpul înapoi pentru a alunga de aici orice gând sau energie lăsată să ne încalce spaţiul sacru.

Când Expertul şi Maestrul de Ceremonii ajung la colţul de Sud-Vest, Al Doilea Supraveghetor spune:

A∴D∴S∴:

Când ne simţim încrezători în casa noastră, ea ne ajută cu adevărat. Gândiţi-vă că în interiorul acestor ziduri vom fi feriţi de orice rău, de oameni cu rele intenţii, de energie negativă.

Când Expertul şi Maestrul de Ceremonii ajung la colţul de Sud-Est, Al Doilea Supraveghetor spune:

A∴D∴S∴:

Aerul purifică şi ajută cu adevărat să ne protejăm propria casă de rău, ură, invidie şi alte sentimente şi emoţii negative.

Maestrul de Ceremonii îl conduce pe Fratele Expert către Orient, unde acesta îi predă Maestrului Venerabil elementul stabilit pentru purificarea prin aer. Cei doi aşteaptă la baza Orientului.

Maestrul Venerabil preia elementul stabilit pentru purificarea prin aer şi realizează un tur al Orientului. Va ţine elementul stabilit pentru purificarea prin aer în mâna stângă şi cu mâna dreaptă va face vânt de trei ori ca şi cum ar trimite aerul dinspre Orient către laturile Templului.

După ce Maestrul Venerabil a terminat turul Orientului, predă elementul stabilit pentru purificarea prin aer Fratelui Expert şi spune:

M∴V∴:

Fraţi Supraveghetori, asistaţi-mă să purificăm Templul şi prin Aer şi să scoatem din spaţiul sacru orice ar fi fost făcut contrar principiilor noastre.

Fratele Expert, însoţit de către Maestrul de Ceremonii - circulând normal, dextrocentric - predă elementul stabilit pentru purificarea prin aer Primului Supraveghetor.

Cei doi rămân lângă masa Primului Supraveghetor.

Primul Supraveghetor se deplasează către Orient şi se opreşte la baza Orientului pe latura de Miazăzi.

De aici se deplasează către Occident.

Va ţine elementul stabilit pentru purificarea prin

aer în mâna stângă şi cu mâna dreaptă va face vânt de trei ori ca şi cum ar trimite aerul dinspre Orient de-a lungul Coloanei de Miazăzi către Occident.

Ajuns la locul lui, predă elementul stabilit pentru purificarea prin aer Fratelui Expert, care îl preia şi condus de către Maestrul de Ceremonii îl duce la masa celui de-Al Doilea Supraveghetor şi îl predă acestuia.

Cei trei se deplasează în capătul Coloanei de Miazănoapte, unde Fratele Expert se aşază la locul său.

Maestrul de Ceremonii se deplasează la locul său.

Al Doilea Supraveghetor, aflat în capătul Coloanei de Miazănoapte către Orient, se deplasează către Occident.

Va ţine elementul stabilit pentru purificarea prin aer în mâna stângă şi cu mâna dreaptă va face vânt de trei ori ca şi cum ar trimite aerul dinspre Orient de-a lungul Coloanei de Miazănoapte către Occident.

Ajuns la Occident, se îndreaptă către masa sa şi se aşază.

M∴V∴O∴P∴:

Fraţi care decoraţi coloanele şi voi Fraţi Supraveghetori, prin Foc, Apă şi Aer, am purificat Templul nostru şi orice ar fi fost făcut făcut în aşa fel încât să ne strice armonia lucrărilor a fost alungat din Spaţiul Sacru către Occident, la Poarta Templului.

Frate Maestru de Ceremonii şi Frate Acoperitor, deschideţi larg Poarta Templului.

Maestrul de Ceremonii se ridică şi împreună cu Fratele Acoperitor, deschid larg Poarta Templului.

Acoperitorul şi Maestrul de Ceremonii se vor aşeza în interior, de o parte şi de alta a porţii de intrare.

Acoperitorul va sta pe latura de Miazăzi, în dreptul Coloanei Jachin, înspre Orient, iar Maestrul de Ceremonii faţă în faţă cu Acoperitorul, pe latura de Miazănoapte, în dreptul Coloanei Boaz, înspre Orient.

M∴V∴O∴P∴:

Fraţilor, în picioare şi cu mâna dreaptă pe inimă.

A∴D∴S∴:

Prin Aer am purificat şi readus liniştea şi armonia în spaţiul sacru. Tot ce a fost făcut contrar principiilor noastre să plece de aici!

P∴S∴:

Prin Apă am purificat şi readus liniştea şi armonia în spaţiul sacru. Tot ce a fost făcut contrar principiilor noastre să iasă de aici!

M∴V∴O∴P∴:

Prin Foc am purificat şi readus liniştea şi armonia în spaţiul sacru. Tot ce a fost făcut contrar principiilor noastre este alungat de aici!

Fie ca ura, discordia şi vanitatea să fie alungate din acest loc sacru.

Nu au ce căuta în acest Templu invidia, josnicia, orgoliul şi egoismul.

Aşa să fie!

Toţi Fraţii:

Aşa să fie!

Pauză câteva secunde.

M∴V∴O∴P∴:

Frate Maestru de Ceremonii şi Frate Acoperitor, închideţi Poarta Templului.

După ce aceştia închid Poarta Templului, Maestrul Venerabil spune:

M∴V∴O∴P∴:

Fraţilor, luaţi loc!

După ce am purificat cu bine acest Templu prin

Aer, Apă şi Foc vreau să vă spun că cel de-al patrulea element, Pământul ne-a ajutat şi ne-a fost alături în această Ceremonie.

La consacrarea Templului s-au depus pe pământul sacru:

- grâne, ca simbol al abundenţei şi fecundităţii;
- vin, ca simbol al puterii iubirii fraterne;
- untdelemn, ca simbol al bucuriei de a trăi şi construi alături de Fraţi.

Acest Templu se află pe o fundaţie solidă, sprijinită pe elementul Pământ, care ne-a acceptat să lucrăm, să creştem şi să ne dezvoltăm, dar mai ales a fost curăţat de umbra din adâncuri.

Prezenţa noastră aici este dovada că Pământul ne acceptă aşa cum suntem şi ne lasă să lucrăm în linişte pentru că noi înţelegem puterea sa şi îl respectăm pentru tot ceea ce a dăruit înaintaşilor noştri: o fundaţie solidă pe care ei au construit permanent, pentru binele Frăţiei Masonice.

Pauză câteva secunde.

M∴V∴O∴P∴:

Fraţilor, Lucrarea noastră a ajuns la final. Dedicând Marelui Arhitect al Universului lucrarea noastră, avem încredere că El ne va păzi şi ocroti ca să ne desfăşurăm lucrările în linişte, pace şi armonie.

Aşa să fie!

Toţi Fraţii:

Aşa să fie!

M∴V∴O∴P∴:

Fraţilor, acum că lucrarea noastră este încheiată, vă rog să părăsiţi Templul în linişte şi să ne revedem în Sala Paşilor Pierduţi pentru a ne pregăti de Ţinuta Rituală de astăzi.

Toţi Fraţii părăsesc Templul conform protocolului aflat în vigoare, în linişte şi fără anunţarea ieşirilor din Templu.

Toţi Fraţii vor fi conduşi de Maestrul de Ceremonii.

Conform prevederilor Ritualului ce va urma să se deruleze, în Templu vor rămâne Maestrului Venerabil, Expertul, Acoperitorul şi Maestrul de Ceremonii.

CEREMONIA ȚINUTEI DE ÎNGEMĂNARE

CONSIDERAŢII PERSONALE

Existenţa unei Ceremonii pentru Îngemănarea a două Loji este o Lucrare Masonică ce se desfăşoară în cadrul Lojii, sub forma unui moment festiv dedicat unei realizări deosebite reprezentat de extinderea relaţiilor fratene în cadrul Lanţului Masonic Universal.

Se recomandă Lojilor care doresc să practice această Ceremonie ca ea să fie efectuată cu responsabilitate şi cu o pregătire serioasă a acestui moment, deoarece, nu este doar cartea de vizită a Atelierului în relaţia cu Fraţii din cealaltă Lojă din Jurisdicţia unei alte Mari Loji, dar reprezintă o imagine evidentă a modului de lucru din cadrul Marii Loji Naţionale din România.

În acest sens am realizat Ceremonia Ţinutei de Îngemănare ca o ceremonie opţională acelor Loji care doresc să arate şi să promoveze modul exemplar în care se derulează Lucrarile Rituale în cadrul Marii Loji Naţionale din România.

PRECIZĂRI

În contextul realizării unei Ţinute de Îngemănare, este necesar şi obligatoriu să se parcurgă paşii procedurali care sunt prevăzuţi în regulamentele Masonice, respectiv Constituţia, Regulamentul General şi Codul de Conduită ale Marii Loji Naţionale din România.

Mai multe detalii despre aceste aspecte se găsesc în capitolul *"Protocolul Ţinutei de Îngemănare"* (pag. 181), în care sunt punctate aspecte importante legate de derularea Ţinutei.

Ceremonia este oficiată conform tradiţiei de către Maestrul Venerabil al Lojii.

Acesta poate însă să îşi transfere această prerogativă unui Maestru Venerabil din Trecut al Atelierului, care se presupune că are o experienţă mai vastă în oficierea unei astfel de ceremonii, sau există o motivaţie ce ţine de fluenţa exprimării în limba maternă a Fraţilor din Loja cu care se realizează Îngemănarea.

Pe masa Oratorului se găseşte Documentul/ Protocolul/Acordul de Îngemănare ce se va semna în cursul Ceremoniei.

Ceremonia de Îngemănare se derulează în Loja Ucenicilor, după ce Lucrările au fost deschise în Gradul 1.

PRESCURTĂRI

Pe parcursul Ceremoniei se folosesc următoarele prescurtări:

M∴V∴   - Maestru Venerabil

P∴S∴   - Prim Supraveghetor

A∴D∴S∴   - Al Doilea Supraveghetor

Orat∴   - Orator

Sec∴   - Secretar

Exp∴   - Expert

M∴C∴   - Maestru de Ceremonii

Ac∴   - Acoperitor

Loviturile de ciocan sunt marcate cu simbolul .

CEREMONIA ȚINUTEI DE ÎNGEMĂNARE

Ținuta este deschisă în Gradul de Ucenic în conformitate cu Ritualul aflat în vigoare la data derulării Ceremoniei.

M∴V∴:

Iubiți Frați, în acest Templu și la această oră potrivită, conform vechilor tradiții și străvechilor ritualuri, ne-am întrunit pentru a săvârși Lucrarea de Îngemănare a două Loji prietene care au agreat respectarea unui set suplimentar de valori comune în activitatea lor, iar eu ca Maestru Venerabil al Respectabilei Loji ____________________, Nr. ____, Or∴ ________________ sunt împuternicit de drept să oficiez această Ceremonie solemnă.

Fraților, în picioare, cu mâna dreaptă pe inimă și cu fața spre Orient.

Înainte de a trece la Ceremonia de astăzi, să cerem Binecuvântarea Marelui Arhitect pentru Lucrarea pe care o vom începe.

Frate Orator, te rog să îți îndeplinești atribuțiile.

Orat∴:

Ajută-ne, Mare Arhitect al Universului să primim cu suflet liniştit tot ceea ce ne aduce fiecare moment al lucrării noastre.

Ajută-ne să ne lăsăm în Voia Ta şi în fiecare lucrare pe care o facem, să fii alături de noi să ne întăreşti.

Orice veste vom primi, bună sau rea, învaţă-ne să o acceptăm cu inima împăcată şi încrederea neclintită că Voinţa Ta stă asupra tuturora.

Struneşte-ne voinţa, învaţă-ne să ne rugăm, să sperăm, să credem, să iubim şi să iertăm, iar când o facem, Tu Însuţi să fii Cel care se roagă în noi.

Fie ca în tot ceea ce construim, Voia Ta să ne stăpânească cugetul şi simţirea.

Dă-ne nouă putere să lucrăm cu tărie şi înţelepciune pentru a putea duce povara lucrării noastre pe care ţi-o dedicăm Ţie, Mare Arhitect al Universului.

M∴V∴:

Fraţilor, luaţi loc.

Frate Secretar, te rog să informezi Fraţii prezenţi cu privire la etapele parcurse în demersul nostru.

Secretarul se ridică în picioare şi ia poziţia "La Ordin".

Sec∴:

Venerabile Maestru, conform procedurilor existente la nivelul Marii Loji Naţionale din România, am primit acordul să realizăm Îngemănarea cu Respectabila Lojă ____________________, Nr. ___, Or∴ ____________________ din cadrul ____________________ *(se citeşte denumirea oficială a respectivei Mari Loji).*

Prezint aici în faţa tuturor Fraţilor acceptul primit de către Loja noastră pentru acest demers.

În cadrul Ţinutei Lojii noastre din data de ____________________ s-a decis realizarea Îngemănării cu Respectabila Lojă ____________________, Nr. ___, Or∴ ____________________ din cadrul ____________________ *(se citeşte denumirea oficială a respectivei Mari Loji).*

Am primit răspunsul de la Fraţii noştri prin care atât Respectabila Lojă ____________________, Nr. ___, Or∴ ____________________ din cadrul ____________________ *(se citeşte denumirea oficială a respectivei Mari Loji)* au agreat demersul de Îngemănare.

M∴V∴:

Mulţumesc, Frate Secretar. Poţi să iei loc.

[adresându-se tuturor Fraţilor]:

Iubiţi Fraţi,

Francmasonii se asociază între ei pentru a constitui Loji.

Orice Lojă este autonomă şi independentă, dar ea trebuie să respecte legile Marii Loji căreia îi aparţine.

Lojile se grupează în Mari Loji, care îşi exercită autoritatea suverană asupra celor trei grade ale Francmasoneriei Simbolice: Ucenic, Calfă şi Maestru.

Marile Loji se guvernează conform principiilor tradiţionale ale Ordinului Universal şi propriilor legi şi reguli create pe baza respectării străvechilor Landmark-uri. Ele respectă suveranitatea şi independenţa altor Mari Loji şi interzic orice implicare în afacerile lor interne.

Marile Loji pot stabilii protocoale, tratate şi alianţe, dar nu recunosc nicio altă autoritate masonică naţională sau internaţională superioară celei a lor asupra celor trei grade simbolice.

La fel şi noi, astăzi am decis de comun acord, în pace şi echilibru Fratern să ne Îngemănăm cu Fraţii din Respectabila Lojă ______________________, Nr. ____ , Or.˙. ________________ din cadrul ________________ *(se citeşte denumirea oficială a respectivei Mari Loji)* după un obicei din vremuri străvechi.

Frate Orator, te rog să citeşti Protocolul de Îngemănare dintre Lojile noastre!

Orat.·.:

Se ridică în picioare şi ia poziţia La Ordin.

Fratele Orator dă citire textului protocolului de îngemănare.

După ce a fost citit Protocolul de îngemănare, Maestrul Venerabil spune:

M.·.V.·.:

Fraţilor, în picioare şi la Ordin!

Aici în faţa voastră, de la Orient, noi reprezentanţii celor două Loji ne reafirmăm jurământul comun de a recunoaşte şi a respecta:

- setul tradiţional de repere ale Masoneriei Universale Regulare, în forma sa extinsă, enunţată de Albert G. Mackey la mijlocul sec. al XIX-lea, cunoscute ca "Pietre de hotar" ale Frăţiei - Landmark's;

- Principiile fundamentale pentru recunoaşterea unei Mari Loji, aşa cum sunt ele definite de Marea Lojă Unită a Angliei (adoptate la 4 Septembrie 1929 şi cu amendamentul din 12 Septembrie 2018);

- Declaraţia de Principii a Marii Loji Naţionale din România care are la bază respectarea Reperelor

Fundamentale ale Frăţiei (Landmarks) şi a Principiilor de Regularitate, aşa cum sunt definite de Marea Lojă Unită a Angliei, şi recunoscute de Marile Loji Regulare din lume.

Aşa să fie!

Toţi Fraţii:

Aşa să fie!

M∴V∴:

Pentru a consfinţi toate cele afirmate mai sus, vom semna acum, aici, în faţa Marelui Arhitect al Universului şi a tuturor Fraţilor prezenţi, Protocolul de Îngemănare.

Cei doi Maeştri Venerabili semnează Protocolul de Îngemănare.

Maestrul Venerabil îl arată către Orient şi către cele două coloane, apoi îl lasă pe masa sa şi îi acordă Tripla Acoladă Fraternă Maestrului Venerabil al celeilalte Loji.

M∴V∴:

Fraţi Prim şi Al Doilea Supraveghetor, asistaţi-mă.

Întru Gloria Marelui Arhitect al Universului, în numele Francmasoneriei Universale şi sub auspiciile Marii Loji Naţionale din România, prin puterile conferite mie, proclam de la Orient că începând de astăzi Respectabila Lojă _______________,
Nr. ____, Or∴ _______________ din cadrul Marii Loji Naţionale din România este Îngemănată cu Respectabila Lojă _______________,
Nr. ____, Or∴ _______________ din cadrul _______________ *(se citeşte denumirea oficială a respectivei Mari Loji).*

P∴S∴:

Fraţi care lucraţi pe Coloana de la Miazăzi, Venerabilul Maestru a proclamat că începând de astăzi Respectabila Lojă _______________,
Nr. ____, Or∴ _______________ din cadrul Marii Loji Naţionale din România este Îngemănată cu Respectabila Lojă _______________,
Nr. ____, Or∴ _______________ din cadrul _______________ *(se citeşte denumirea oficială a respectivei Mari Loji).*

A∴D∴S∴:

Fraţi care lucraţi pe Coloana de la Miazănoapte, Venerabilul Maestru a proclamat că începând de astăzi Respectabila Lojă ___________________, Nr. ___, Or∴ _______________ din cadrul Marii Loji Naţionale din România este Îngemănată cu Respectabila Lojă ___________________, Nr. ___, Or∴ _______________ din cadrul _______________ *(se citeşte denumirea oficială a respectivei Mari Loji)*.

P∴S∴:

Anunţul a parcurs Coloanele, Venerabile Maestru.

M∴V∴:

Fraţilor, să salutăm această nouă realizare a Lojilor noastre prin Semn *(Maestrul Venerabil şi Supraveghetorii lasă ciocanele pe masă, iau poziţia La Ordin şi execută Semnul Penal, urmaţi de toţi Fraţii)* şi Baterie, urmată de Aclamaţie!

X X X

Houzze! Houzze! Houzze!

(Se citeşte Huzé! Huzé! Huzé! Cu "H" mut)

M∴V∴:

Luaţi loc, Fraţilor!

Iubiţi Fraţi, Ceremonia de Îngemănare s-a încheiat.

Maestrul Venerabil va acorda cuvântul Fraţilor prezenţi la Ţinută, în conformitate cu "Protocolul Luărilor de Cuvânt în cadrul Lojii" (pag 139).

După Luările de Cuvânt se derulează momentul oferirii/primirii de cadouri simbolice în conformitate cu modalitatea expusă în capitolul "Protocolul Cadourilor Simbolice" (pag. 153).

Lucrările vor fi închise de M∴V∴. conform Ritualului Ucenicului aflat în vigoare.

PROTOCOLUL INTRĂRII ÎN TEMPLU LA O ȚINUTĂ RITUALĂ

PROTOCOLUL INTRĂRII ÎN TEMPLU LA O ŢINUTĂ RITUALĂ

REGULI GENERALE

În conformitate cu Ritualul Ucenicului, înaintea deschiderii Lucrărilor, în Templu intră numai Fraţii care sunt membri ai Lojii.

Vizitatorii de la alte Loji (din România sau din altă ţară), precum şi invitaţii de marcă intră, de regulă, după deschiderea Lucrărilor.

Vizitatorii de la alte Loji şi invitaţii de marcă pot intra în Templu înaintea deschiderii Lucrărilor, numai cu acordul Maestrului Venerabil al Lojii vizitate. Excepţie de la această regulă face Marele Maestru, care hotărăşte când va fi condus în Templu.

Marii Demnitari şi Marii Ofiţeri în exerciţiu, pot solicita să intre de la începutul Lucrărilor, dacă participă la Ţinuta Rituală în calitate de delegaţi ai Marii Loji Naţionale din România şi vor să asiste la deschiderea rituală a Lucrărilor.

Înainte de începerea Lucrărilor, Fraţii aşteaptă în Sala Paşilor Pierduţi sau în afara Templului.

Până la invitarea în Templu de către Maestrul de Ceremonii, niciun Frate nu are voie să intre în Templu (cu excepţia Maestrului Venerabil, Expertului,

Acoperitorului şi a Maestrului de Ceremonii).

Maestrul de Ceremonii se va asigura că martorul (Focul Sacru) de pe masa Maestrului Venerabil este aprins.

La ordinul Maestrului Venerabil, Fraţii îşi pun Şorţurile, Mănuşile şi Colanele (înainte de a intra în Templu), după care sunt introduşi în Templu de către Maestrul de Ceremonii.

Intrarea Fraţilor în Templu se face în ordinea de mai jos:

- Ucenicii;
- Calfele;
- Maeştrii;
- Ofiţerii şi Demnitarii Lojii;
- Maeştrii Venerabili din Trecut şi de Onoare Ad-Vitam;
- Maestrul Venerabil în Exerciţiu.

Dacă există Fraţi vizitatori sau invitaţi de marcă care doresc să intre în Templu înainte de începerea Lucrărilor şi au primit acordul Maestrului Venerabil sau invitaţi de marcă care au dreptul să intre în Templu înainte de începerea Lucrărilor, aceştia vor intra respectând ierarhia funcţiilor masonice în vigoare la data derulării Ţinutei.

Ordinea ierarhică generală de intrare în Templu pentru o Ţinută cu mai mulţi invitaţi - la momentul tipăririi acestei cărţi - este:

- Ucenicii, Calfele şi Maeştrii Lojilor participante. Aceştia vor intra în Templu, pe categorii, în grup şi fără anunţuri individuale premergătoare intrării fiecăruia în parte, conform unei variante scurte a intrărilor şi ieşirilor din Templu prevăzute în cadrul Regulilor de ritual şi protocol masonic;

- În cadrul categoriei Maeştri sunt incluşi şi Ofiţerii, Demnitarii, Maeştrii Venerabili din Trecut şi de Onoare Ad-Vitam ai Lojilor participante, atât din Marea Lojă Naţională din România cât şi din alte Mari Loji din străinătate aflate în relaţii de recunoaştere cu M∴L∴N∴R∴;

- Demnitarii şi Ofiţerii care vor conduce Ţinuta;

- Maestrul Venerabil care conduce Ţinuta.

După ce Maestrul Venerabil este la Orient şi are ciocanul în mână, vor intra în Templu fiind primiţi de către Maestrul Venerabil următorii:

- Conducătorii delegaţiilor Lojilor participante din Marea Lojă Naţională din România, anunţându-se în grup, înainte de intrarea acestora, lista Lojilor participante cât şi numele şi funcţia fiecărui conducător de delegaţie;

- Conducătorii delegaţiilor Lojilor străine participante provenind din Marile Loji aflate în relaţii de recunoaştere cu Marea Lojă Naţională din România, anunţându-se în grup, înainte de intrarea acestora, lista Lojilor participante (inclusiv Marea Lojă) precum şi numele şi funcţia fiecărui conducător de delegaţie;

* Marii Ofiţeri din Trecut, anunţându-se în grup, înainte de intrarea lor, lista numelor acestora;

* Marii Ofiţeri de Onoare, anunţându-se în grup, înainte de intrarea lor, lista numelor acestora;

* Marii Ofiţeri în Exerciţiu ai Marii Loji Naţionale din România, anunţându-se în grup, înainte de intrarea lor, lista numelor acestora;

* Delegaţiile Riturilor de Perfecţionare şi a Corpurilor Concordate din România pentru care, conform ordinii de precădere, se fac anunţuri individuale, menţionându-se numele, precedat de formula de adresare completă şi funcţia conducătorului fiecărei delegaţii în parte, precum şi conducerea în Templu în mod individual a fiecărei delegaţii;

* Marii Demnitari din Trecut, în grup, toţi deodată, fiind anunţaţi însă individual şi respectându-se ordinea de precădere;

* Marii Demnitari de Onoare, în grup, toţi deodată, fiind anunţaţi însă individual şi respectându-se ordinea de precădere;

* Marii Demnitari în Exerciţiu, anunţuri şi conducere în Templu în mod individual, respectându-se ordinea ierarhică;

* Marii Maeştri de Onoare Ad-Vitam, în grup, toţi deodată, fiind anunţaţi însă individual şi respectându-se ordinea de precădere;

* Marii Maeştri Adjuncţi din Trecut, în grup, toţi deodată, fiind anunţaţi însă individual şi

respectându-se ordinea de precădere, preeminent fiind Marele Maestru Adjunct din Trecutul Imediat;

- Marele Maestru Adjunct, anunţat şi condus în Templu în mod individual;

- Marii Maeştri din Trecut ai Marii Loji Naţionale din România, în grup, toţi deodată, fiind anunţaţi însă individual şi respectându-se ordinea de precădere, preeminent fiind Marele Maestru din Trecutul Imediat;

- Delegaţiile Marilor Loji aflate în relaţii de recunoaştere cu Marea Lojă Naţională din România conduse de Marii Maeştri în Exerciţiu sau de reprezentanţii mandataţi ai acestora cu anunţuri individuale menţionându-se Marea Lojă reprezentată, numele şi funcţia conducătorului delegaţiei şi conducerea în Templu a fiecărei delegaţii în parte;

- Marele Maestru va fi ultimul anunţat, primit şi condus în Templu conform protocolului în vigoare.

Maestrul Venerabil va preda ciocanul Marelui Maestru sau delegatului desemnat de către acesta să îl reprezinte, imediat după ce Marele Maestru sau delegatul acestuia a fost condus la Orient.

Marele Maestru sau delegatul desemnat de către acesta are puterea să decidă dacă va conduce sau nu Lucrările Ţinutei Rituale.

În practică, mai ales când există un număr mare de

invitaţi la o Ţinută Rituală, se utilizează o versiune mixtă, în aşa fel încât invitaţii de marcă să nu aştepte foarte mult în afara Templului, pe de o parte, sau să poată participa numai la ordinea de zi şi la Închiderea Lucrărilor, în dorinţa de a putea sta cât mai mult cu Fraţii prezenţi la Punctul Geometric de după Ţinută.

Această variantă mixtă are o derulare firească, urmând ca în funcţie de numărul şi demnităţile Fraţilor invitaţi de marcă, ordinea ierarhică descrisă la capitolul precedent să fie împărţită în două categorii, respectiv Fraţii care intră înainte de Deschiderea Lucrărilor şi Fraţii care intră în Templu după Aprinderea Luminilor.

Dacă există reprezentanţi din toate categoriile descrise în capitolul precedent, cel mai simplu este să intre în Templu înainte de deschiderea Lucrărilor toţi Fraţii prezenţi până la Marii Ofiţeri ai M∴L∴N∴R∴ inclusiv.

După Aprinderea Luminilor se vor realiza intrările în Templu conform ierarhiei, începând cu Reprezentanţii Riturilor de Perfecţie şi încheind cu Marele Maestru.

Este evident că acesta este numai un exemplu şi protocolul poate fi adaptat fiecărei Ţinute în parte, în funcţie de numărul de invitaţi şi poziţiile ocupate de către aceştia în cadrul ierarhiei Masonice.

PRIMIREA ÎN TEMPLU A INVITAŢILOR DUPĂ DESCHIDEREA LUCRĂRILOR

Înainte de a descrie modalitatea în care intră şi sunt primiţi în Templu invitaţii de marcă după Aprinderea Luminilor, doresc să fac câteva consideraţii:

- Conform Ritualului, după Aprinderea Luminilor, Intrarea şi Circulaţia în Templu este bine reglementată şi este respectată de către orice Mason care intră în Templu, inclusiv de către Marele Maestru;

- Nicăieri în terminologia Masonică şi mai ales în Ritualul şi Regulamentele Masonice nu este descris *"Salutul"* Masonic ca fiind echivalent cu executarea *"Semnului Penal"*;

- La intrarea în Templu după Aprinderea Luminilor în orice Grad, cel care intră execută primele trei Arcane ale Gradului în care se derulează Ţinuta, în ordinea prevăzută de Ritual;

- Executarea acestor trei Arcane este o confirmare a faptului că cel care intră în Templu are Gradul necesar pentru respectiva Ţinută şi transmite aceste semne de recunoaştere conform cărora are dreptul să participe la acea Ţinută în Gradul în care se desfăşoară;

- Executarea *"Semnului"* către Orient şi Coloane este în mod firesc o modalitate prin care, după ce a efectuat două Arcane, îl execută şi pe cel de-al treilea în mod direct către laturile Templului unde se află poziţionaţi Fraţii prezenţi, pentru a le transmite că este de drept la nivelul Gradului în care se derulează Ținuta.

- Explicația pentru faptul că cei aflați în Templu fac *"Semnul Penal"* către invitatul de marcă, când acesta îl face către ei, este identică cu cea de mai sus. Se presupune că un invitat de marcă este un Frate cu o funcție ierarhică superioară celor aflați în Templu și prin aceasta ei confirmă Fratelui cu funcția sau demnitatea ierarhică superioară că totul este just și perfect în Lojă și că toți cei prezenți sunt îndreptățiți să fie în acel loc, la acel moment.

Revenind la primirea în Templu a invitaților după deschiderea Lucrărilor, aceștia sunt primiți de către cei prezenți în Templu, în picioare, cu mâna dreaptă pe inimă.

Frații aflați în Templu vor lua poziția *"La Ordin"* doar înainte ca invitatul de marcă să execute *"Semnul Penal"* către Orient și Coloane.

Ei vor efectua *"Semnul Penal"* când invitatul de marcă face și el *"Semnul Penal"* către latura Templului pe care se află Frații respectivi.

După ce efectuează *"Semnul Penal"*, Frații prezenți trec din nou în poziția cu mâna dreaptă pe inimă.

Poziția *"La Ordin"* se ia din momentul intrării în Templu doar în cazul Marelui Maestru sau în cazul absenței acestuia, a Marelui Maestru Adjunct sau a Marelui Demnitar mandatat să-l reprezinte pe Marele Maestru și în cazul delegațiilor străine, dacă conducătorul delegației este Marele Maestru în Exerciţiu al Marii Loji vizitatoare aflată în relaţii de recunoaştere cu Marea Lojă Naţională sau reprezentantul mandatat al acestuia.

Aceste precizări sunt realizate pentru a evita, în cazul Ţinutelor cu foarte mulţi invitaţi de marcă, ca Fraţii din Templu să stea uneori un timp îndelungat în poziţia "*La Ordin*".

PROTOCOLUL DE ACORDARE A "BOLTEI DE OȚEL"

BOLTA DE OŢEL

"Bolta de Oţel" este un semn de respect şi recunoaştere a poziţiei ierarhice în cadrul Marii Loji a unui Frate care intră în Templu la o Ţinută Rituală masonică.

Deoarece această activitate este strict reglementată prin desfăşurare şi explicitare, nu pot aduce elemente noi şi nu pot modifica în niciun fel această parte integrantă a derulării unui Ritual Masonic.

De aceea, mi-am permis să extrag din context şi să evidenţiez acest moment important într-un capitol separat, dar în mod identic cu ceea ce este prevăzut în cadrul Ritualului Masonic aferent Gradului 1.

Invitaţii de marcă sunt primiţi cu *"Bolta de Oţel"* şi conduşi la locurile lor de către Maestrul de Ceremonii (în faţă) şi Expert (în spate).

"Bolta de Oţel" este un semn de respect şi recunoaştere a demnităţii sau funcţiei Fratelui care intră sau iese din Templu.

"Bolta de Oţel" nu are nicio legătură cu momentul intrării sau ieşirii din Templu, respectiv dacă Luminile sunt aprinse sau nu.

"Bolta de Oţel" se acordă indiferent de momentul în care respectivul Frate intră sau iese din Templu.

PROTOCOLUL DE ACORDARE A

"BOLTEI DE OŢEL"

"Bolta de Oţel" este realizată de trei, cinci sau şapte Maeştri Masoni cu spada în mână şi se acordă doar anumitor funcţii deţinute, astfel:

- Pentru Marii Ofiţeri în Exerciţiu şi din Trecut, *"Boltă de Oţel"* realizată de trei Maeştri Masoni cu spada în mână;

- Pentru Marii Demnitari în Exerciţiu şi din Trecut, pentru Marii Maeştri de Onoare Ad-Vitam, pentru Marele Maestru Adjunct şi Marii Maeştri Adjuncţi din Trecut, *"Boltă de Oţel"* realizată de cinci Maeştri Masoni cu spada în mână;

- Pentru Marii Maeştri din Trecut, *"Boltă de Oţel"* realizată de şapte Maeştri Masoni cu spada în mână;

- Pentru Marele Maestru, *"Boltă de Oţel"* realizată de şapte Maeştri Masoni cu spada în mână şi baterie executată prin lovirea cu ciocanul în masă, alternativ, de către Maestrul Venerabil, Primul Supraveghetor şi Al Doilea Supraveghetor, la un interval de o secundă, până când Marele Maestru ajunge la locul său.

MODALITATEA DE FORMARE A "BOLTEI DE OŢEL"

Conform regulamentelor masonice, Acoperitorul trebuie să rămână întotdeauna ultimul Frate de lângă Poarta Templului.

"Bolta de Oţel" se formează începând dinspre Orient către Coloane, astfel:

1. *"Boltă de Oţel"* realizată de trei Maeştri Masoni cu spada în mână:

    * pe latura de Miazăzi, în dreptul Coloanei Jachin - Acoperitorul;

    * pe latura de Miazănoapte, începând dinspre Orient către Coloana Boaz - Expertul şi un Maestru Mason (care se află pe aceeaşi linie cu Acoperitorul);

2. *"Boltă de Oţel"* realizată de cinci Maeştri Masoni cu spada în mână:

    * pe latura de Miazăzi, începând dinspre Poarta Templului către Orient - Acoperitorul şi un Maestru Mason ;

    * pe latura de Miazănoapte, începând dinspre Orient către Coloana Boaz - Expertul şi doi Maeştri Masoni;

3. *"Boltă de Oţel"* realizată de şapte Maeştri Masoni cu spada în mână:

    * pe latura de Miazăzi, începând dinspre Poarta Templului către Orient - Acoperitorul şi doi Maeştri Masoni;

- pe latura de Miazănoapte, începând dinspre Orient către Coloana Boaz - Expertul şi trei Maeştri Masoni.

În cazul în care Loja nu dispune de şapte Maeştri disponibili pentru formarea *"Bolţii de Oţel"*, pe latura de Miazăzi se pot intercala Calfe.

În cazul oricărui tip de *"Boltă de Oţel"* (din trei, cinci sau şapte Maeştri Masoni), după ce a anunţat intrarea invitatului de marcă, Maestrul de Ceremonii se poziţionează pe latura de Miazănoapte, spre Orient, la minimum trei paşi de Expert (şi în aceeaşi linie cu Fraţii care formează *"Bolta de Oţel"* pe latura de Miazănoapte), până ce invitatul de marcă a depăşit formaţia ce constituie *"Bolta de Oţel"*, după care se deplasează în faţa invitatului, conducându-l la locul care i-a fost rezervat.

După ce fiecare invitat de marcă a depăşit formaţia care constituie *"Bolta de Oţel"*, Expertul va ieşi din formaţie şi se va deplasa în spatele acestuia.

După ce toţi membrii Atelierului, vizitatorii şi invitaţii de marcă (dacă este cazul) au fost introduşi în Templu, Maestrul de Ceremonii, Expertul şi Maeştrii Masoni care au format *"Bolta de Oţel"* se întorc la locurile lor, conduşi de Maestrul de Ceremonii (care face un tur complet de Templu, pentru ca fiecare Frate care a format Bolta să poată rămâne la locul său).

PROTOCOLUL LUĂRILOR DE CUVÂNT ÎN CADRUL LOJII

PROTOCOLUL LUĂRILOR DE CUVÂNT ÎN CADRUL LOJII

CEREREA CUVÂNTULUI

În conformitate cu tradiţia Ritualurilor din sistemul Ritului Scoţian Antic şi Acceptat, Ucenicii nu au dreptul de a cere cuvântul pe parcursul Lucrărilor, aceştia putând vorbi doar dacă Maestrul Venerabil îi solicită nominal în acest sens.

Toţi ceilalţi Fraţi care doresc să ia cuvântul anunţă intenţia lor Supraveghetorului Coloanei pe care se află poziţionaţi în Templu, prin lovirea şorţului cu mâna dreaptă şi ridicarea antebraţului, cu palma înainte.

Conform reglementărilor, cuvântul este acordat numai de către Maestrul Venerabil, după ce unul dintre Supraveghetori l-a anunţat că un Frate de pe Coloana sa cere cuvântul, dar, tot reglementarile precizează că Maestrul Venerabil are autoritatea să acorde cuvântul unui Frate, chiar dacă cererea nu a fost semnalată de către Supraveghetorul Coloanei pe care se află solicitantul.

În practica curentă, Maestrul Venerabil face uz de acest drept al său şi, de obicei, dă cuvântul direct solicitanţilor fără a mai aştepta anunţul Supraveghetorilor.

Fraţii aflaţi la Orient care doresc să ia cuvântul anunţă intenţia lor direct Maestrului Venerabil.

POZIȚII ȘI SEMNE AFERENTE ALOCUȚIUNILOR

Fraţii cărora li se acordă cuvântul se ridică în picioare, iau poziţia "*La Ordin*" în gradul corespunzător Ţinutei Rituale aflată în desfăşurare, execută "*Semnul Penal*", trec din nou în poziţia "*La Ordin*" (cu excepţia Marelui Maestru) şi îşi încep alocuţiunea rămânând pe toată durata acesteia în poziţia "*La Ordin*" în gradul în care se desfăşoară Ţinuta.

Reglementările masonice precizează că Maestrul Venerabil poate decide ca un Frate să nu stea "*La Ordin*" pe parcursul unei alocuţiuni, caz în care se adresează Fratelui în cauză precizându-i acestuia că poate sta cu mâna dreaptă la inimă.

La sfârşitul alocuţiunii, Fratele care a vorbit face "*Semnul Penal*" şi se aşază la locul său.

Încheierea alocuţiunii prin efectuarea "*Semnului Penal*" este valabilă şi în cazul în care vorbitorul a obţinut aprobarea Maestrului Venerabil de a sta pe parcursul discursului său cu mâna la inimă, caz în care, la sfârşit acesta va lua poziţia "*La Ordin*" şi va face "*Semnul Penal*".

În ceea ce priveşte alocuţiunile rostite de către Maestrul Venerabil, Supraveghetori, Expert, Maestrul de Ceremonii şi Acoperitor, trebuie făcute câteva precizări.

Pe parcursul derulării Ritualurilor şi Ceremoniilor Masonice, Maestrul Venerabil şi Supraveghetorii nu se ridică în picioare, rostindu-şi intervenţiile, atât cele ritualice cât şi cele care privesc probleme curente ale Atelierului, stând aşezaţi şi ţinându-şi ciocanele cu mâna dreaptă în dreptul inimii.

În cazul în care iau cuvântul pentru a ţine o alocuţiune, atât Maestrul Venerabil cât şi Supraveghetorii se ridică în picioare şi ţin ciocanul cu mâna dreaptă în dreptul inimii pe tot parcursul alocuţiunii.

Expertul, Acoperitorul şi Maestrul de Ceremonii au specificate în Ritual modalităţi clare de luare a poziţiei "*La Ordin*" şi execuţie a "*Semnului Penal*", pe care le vor practica pe parcursul Ritualurilor şi Ceremoniilor Masonice, inclusiv în etapa verificării Coloanelor de către Supraveghetori.

Ritualul prevede că atât Maestrul Venerabil, cei doi Supraveghetori, cât şi Expertul, Acoperitorul şi Maestrul de Ceremonii se vor deplasa în Templu purtând întotdeauna cu mâna dreaptă atributele funcţiilor: ciocanul, spada şi respectiv bastonul.

Expertul şi Acoperitorul, dacă sunt aşezaţi, vor avea spada în teacă sau într-un suport aflat în dreapta scaunelor acestora, un suport similar aflându-se şi în dreapta scaunului Maestrului de Ceremonii pentru a-şi ţine bastonul.

Singurele momente în care Expertul, Acoperitorul şi Maestrul de Ceremonii se ridică fără a lua spada sau respectiv bastonul sunt atunci când participă la comanda Maestrului Venerabil la o "*Baterie urmată de Aclamaţie*", la "*Lanţul de Unire*" şi în cazul în care doresc să ţină o alocuţiune.

Când se ridică pentru a lua cuvântul şi a ţine o

alocuţiune, atât Expertul, Acoperitorul cât şi Maestrul de Ceremonii iau poziţia *"La Ordin"* ca toţi ceilalţi Fraţi de pe Coloane, execută *"Semnul Penal"* la fel ca aceştia, trec din nou în poziţia *"La Ordin"*, îşi ţin alocuţiunea şi încheie făcând *"Semnul Penal"* şi spunând: *"Am zis, Venerabile Maestru!"*.

Nimeni nu are dreptul să comenteze sau să-l întrerupă pe un Frate când acesta vorbeşte, cu excepţia Maestrului Venerabil şi a Oratorului, care are dreptul să intervină numai atunci când Constituţia, Regulamentul General sau Codul de Conduită ale Marii Loji Naţionale din România, ori Regulamentul Intern al Lojii (dacă acesta există) sunt încălcate.

ORDINEA ÎN CARE SE IA CUVÂNTUL

În cadrul Lucrărilor Lojii, primii care sunt invitaţi de către Maestrul Venerabil să ia cuvântul sunt Fraţii de pe Coloane.

Deşi în practica curentă sunt invitaţi să ia cuvântul mai întâi Fraţii de pe Coloana de la Miazănoapte, urmând apoi cei de pe Coloana de la Miazăzi, trebuie menţionat că această manieră este greşită.

Primii care trebuie invitaţi să ia cuvântul sunt Calfele aflate pe Coloana de la Miazăzi şi doar după aceea Maeştri de pe Coloana de la Miazănoapte, terminând cu Maeştri de pe Coloana de la Miazăzi.

După terminarea tuturor alocuţiunilor de pe Coloane, se solicită şi se acordă cuvântul Ofiţerilor şi Demnitarilor Lojii, în ordinea aferentă funcţiei acestora, începând cu Acoperitorul şi terminând cu Primul Supraveghetor.

Trebuie ţinut seama că, o dată finalizate alocuţiunile de pe Coloane şi luările de cuvânt ale Ofiţerilor şi Demnitarilor Lojii, nu se mai poate da cuvântul pentru alocuţiuni decât celor aflaţi la Orient, începând cu Maeştrii Venerabili din Trecut, urmaţi de invitaţii de marcă (dacă este cazul).

În cazul în care nu sunt prezenţi vizitatori sau invitaţi de marcă, Ordinea solicitării cuvântului de către Fraţii aflaţi la Orient, după ce Secretarul şi/sau Oratorul au solicitat, eventual, cuvântul este:

- Maeştrii Venerabili din Trecut;

- Maestrul Venerabil din Trecutul Imediat;

- Maestrul Venerabil este cel care vorbeşte ultimul.

Dacă la respectiva Ţinută sunt prezenţi ca vizitatori sau invitaţi Fraţi din alte Loji, ordinea solicitării cuvântului este următoarea:

- Calfele Lojii gazdă;

- Calfele invitate de la alte Loji (motivaţia este legată de modalitatea evidentă a protocolului prin care, daca "inviţi" pe cineva la tine, tu trebuie să fii înainte înauntru şi trebuie să îi acorzi respect invitatului tău);

- Maeştrii Lojii gazdă;

- Maeştrii invitaţi de la alte Loji;

- Ofiţerii şi Demnitarii Lojii gazdă;

- Ofiţerii şi Demnitarii invitaţi de la alte Loji (dacă au mandat, altfel, aceştia participă ca simpli Maeştri şi vor lua cuvântul la momentul la care sunt invitaţi să rostească alocuţiuni Maeştrii invitaţi);

- Maeştrii Venerabili din Trecut ai Lojii gazdă;

- Maeştrii Venerabili din Trecut de la alte Loji invitate;

- Maestrul Venerabil din Trecutul Imediat al Lojii gazdă;

- Maestrul Venerabil din Trecutul Imediat de la alte Loji invitate;

- Maestrul Venerabil de la alte Lojii invitate;

- Maestrul Venerabil al Lojii gazdă este cel care vorbeşte ultimul.

Dacă la respectiva Ţinută sunt prezenţi Mari Ofiţeri şi/sau Mari Demnitari ai Marii Loji Naţionale din România, ordinea este cea prevăzută de Regulamentele Masonice în vigoare la data derulării Ţinutei.

Pentru evitarea confuziilor, este important de ştiut că în cazul în care există mai mulţi Fraţi prezenţi încadraţi în fiecare dintre categoriile de mai sus, diferenţierea în fiecare categorie se face pe următoarele criterii:

1. Ierarhia funcţiilor în cadrul fiecărei categorii este cea prevăzută de Regulamentele Masonice în vigoare la data derulării Ţinutei.

2. În cazul Fraţilor încadraţi în aceeaşi poziţie ierarhică, criteriile sunt:

- Vechimea învestirii în funcţie (cel care deţine funcţia de mai multă vreme este cel care va vorbi ultimul);

- Vechimea masonică în Marea Lojă Naţională din România (cel care are data iniţierii/regularizării/afilierii cea mai îndepărtată de momentul prezent este cel care va vorbi ultimul);

- Vârsta profană (cel mai în vârstă este cel care va vorbi ultimul).

3. În cazul Fraţilor încadraţi în aceeaşi poziţie ierarhică din trecut, criteriile sunt:

- Ocupanţii respectivei poziţii din Trecutul Imediat (este cel care va vorbi ultimul);

- Vechimea învestirii în fosta funcţie deţinută;

- Vechimea masonică;

- Vârsta (profană).

MODUL DE ADRESARE LA ÎNCEPEREA ALOCUŢIUNII

Fraţii cărora li se acordă cuvântul se ridică în picioare, iau poziţia *"La Ordin"* în gradul corespunzător Ţinutei Rituale aflată în desfăşurare, execută *"Semnul Penal"*, trec din nou *"La Ordin"* şi îşi încep alocuţiunea cu formula: *"Venerabile Maestru ..."*, indiferent de funcţia celui care conduce Lucrările şi a funcţiilor celorlalţi Fraţi prezenţi în Templu. Excepţie de la această regulă se face doar în cazul în care Lucrările sunt conduse de către Marele Maestru, când se începe cu formula: *"Prea Respectabile Mare Maestru ..."*.

Fundamentarea acestei reguli pleacă de la faptul că, indiferent de tipul Ţinutei, pe Tronul Regelui Solomon stă un singur Frate, cel care deţine ciocanul şi conduce Lucrările şi care se numeşte generic *"Maestrul Venerabil"*.

Dacă la Lucrări participă Marele Maestru şi la intrarea în Templu a refuzat preluarea ciocanului oferit de către Maestrul Venerabil, conform prevederilor regulamentare, prin acest gest Marele Maestru a transferat şi confirmat prerogativele de conducător al Lucrărilor Maestrului Venerabil.

În consecinţă, Maestrul Venerabil fiind conducătorul Ţinutei, cât şi cel care acordă cuvântul celui care urmează să-şi prezente alocuţiunea, este firesc să ne adresăm în primul rând acestuia.

Pentru cei care doresc cu tot dinadinsul să-l menţioneze în primul rând pe Marele Maestru sau Fratele cu cea mai înaltă demnitate prezent în Ţinută, se poate utiliza o altă abordare care permite adresarea combinată, formula fiind:

"Venerabile Maestru, îţi mulţumesc pentru că mi-ai permis să iau cuvântul. Prea Respectabile Mare Maestru ...".

Prin această modalitate începem alocuţiunea noastră, aşa cum prevede protocolul şi Ritualul Masonic, dar se punctează începerea discursului prin adresarea către Fratele care deţine cea mai înaltă demnitate dintre cei prezenţi în Ţinută.

Una dintre întrebările frecvente este legată de numărul de Fraţi care trebuie menţionaţi la începutul alocuţiunii, în mod nominal.

Neexistând o regulă expresă în acest sens, abordările recomandate sunt în funcţie de numărul şi structura invitaţilor de marcă prezenţi la Lucrări, dar nu trebuie omis faptul că, dacă alocuţiunea se doreşte scurtă şi concisă, nu se pot menţiona pe rând, nominal, un număr mare de Fraţi invitaţi de marcă, deoarece ponderea alocuţiunii s-ar deplasa pe formula de adresare în defavoarea conţinutului.

Din propria experienţă, recomand câteva reguli de bază:

1. Începerea alocuţiunii cu formula: "*Venerabile Maestru ...*":

   • În cazul în care sunt prezenţi unul sau doi invitaţi de marcă cu demnităţi apropiate, se pot menţiona nominal ambii (Marele Maestru, un alt mare Maestru din Trecut sau de Onoare Ad-Vitam, Marele Maestru Adjunct sau Marele Orator şi Marele Secretar sau alţi Mari Demnitari). Aici trebuie făcute câteva precizări: nu se recomandă adresarea nominală aferentă a doi Fraţi având funcţii mult depărtate, de exemplu Marele Maestru şi un Inspector;

   • Este neprotocolar ca în situaţia în care

sunt mai mulți Frați cu funcții identice, adresarea să fie nominală doar pentru doi dintre aceștia.

2. Conform formulelor de adresare, se poate scurta adresarea pe categorii, fără a se menționa și numele. Astfel, în cazul în care conducerea Marii Loji este prezentă în integralitatea sa, formula de adresare poate fi:

- *Venerabile Maestru, Prea Respectabile Mare Maestru, Prea Respectabili, Drept Respectabili, Respectabili și iubiți Frați ...*

- *Venerabile Maestru, Prea Respectabile Mare Maestru, Prea Respectabili Frați și Drept Respectabili Frați Membri ai Marelui Consiliu, Respectabili și iubiți Frați ...*

... sau

- *Venerabile Maestru, Prea Respectabile Mare Maestru, Drept Respectabili Mari Demnitari și Mari Ofițeri, Respectabili Mari Ofițeri și Maeștri Venerabili, iubiți Frați...*

În cazul unor Ținute la ale căror Lucrări nu sunt prezenți invitați de marcă sau numărul acestora este redus și aceștia stau cu toții la Orient, formula de adresare poate fi: *Venerabile Maestru, Prea Respectabile Mare Maestru* (sau Drept Respectabile respectiv Respectabile Frate, ținând seama de funcția celor prezenți), *Respectabili și iubiți Frați ... .*

În practică se întâlnește și formula: "*Iubiți Frați care*

decoraţi Orientul în gradele şi demnităţile voastre ...".

Această modalitate o consider total greşită şi în consecinţă nu o recomand.

Motivaţia mea o veţi regăsi în paginile cărţii **"101 TEME DE ALOCUŢIUNI ÎN LOJĂ"** - Editura Sanmeso, Bucureşti 2022.

ÎNCHEIEREA ALOCUŢIUNII

După terminarea alocuţiunii, se trece în poziţia *"La Ordin"* (cei care au primit permisiunea Maestrului Venerabil de a sta cu mâna dreaptă la inimă pe parcursul alocuţiunii) şi se încheie spunând: *"Am zis, Venerabile Maestru!"*, după care se execută *"Semnul Penal"* şi Fratele se aşază.

Acest capitol, Protocolul Luărilor de cuvânt în cadrul Lojii, se regăseşte integral şi în cartea **"101 TEME DE ALOCUŢIUNI ÎN LOJĂ"** - Editura Sanmeso, Bucureşti 2022.

PROTOCOLUL CADOURILOR SIMBOLICE

PROTOCOLUL CADOURILOR SIMBOLICE

REGULI GENERALE

În cadrul unor Ţinute Rituale se pot oferi sau primi cadouri simbolice.

Modalitatea de derulare a acestui tip de moment trebuie să respecte întocmai prevederile ce ţin de reglementările masonice cu privire la cererea cuvântului, modalitatea de adresare, circulaţia în Templu, respectarea ordinii de precădere a demnităţilor şi funcţiilor masonice a celor prezenţi în Ţinută.

Cadourile pot fi oferite/primite atât în cadrul unei Ţinute obişnuite, dar şi în cadrul unor Ţinute tematice (Ţinută Comună, Ţinută Festivă, Ţinută de Îngemănare, ... etc).

Este important ca înaintea începerii Ţinutei să fie bine definit un loc unde să fie aşezate/afişate cadourile simbolice primite (dacă este cazul) cu ocazia Ţinutei, dar să existe şi unul sau mai multe locuri stabilite pentru cadourile care se doresc a fi acordate invitaţilor de către Lojă (dacă este cazul) cu această ocazie.

PRIMIRE CADOURI

În urma finalizării luării de cuvânt, unii dintre invitaţii prezenţi la Ţinută pot oferi cadouri simbolice destinate acestei ocazii speciale.

Procedura standard este aceea prin care Maestrul Venerabil îi comandă Maestrului de Ceremonii să îl aducă la baza Orientului pe respectivul Frate şi acolo Maestrul Venerabil primeşte şi Fratele oferă cadoul.

Eventual în acel moment se pot face şi fotografii (dacă această activitate a fost votată/acceptată în prealabil ca făcând parte din protocolul Ţinutei respective).

De cele mai multe ori, conform cutumei, cadourile sunt aşezate pe masa Maestrului Venerabil. Trebuie avută însă în vedere şi latura practică, respectiv faptul că un număr mare de cadouri vor crea imposibilitatea derulării activităţii ulterioare a Maestrului Venerabil.

În aceste condiţii, cadourile se pot aşeza pe masa Secretarului, dacă este loc, sau pe o masă dinainte stabilită, aflată la Orient sau la baza Orientului.

O altă modalitate întâlnită la primirea cadourilor oferite de către participanţi pentru Loja organizatoare este cea prin care Maestrul Venerabil comandă Maestrului de Ceremonii să aducă respectivul cadou la Orient.

Maestrul Venerabil îl arată celor prezenţi, mulţumeşte şi eventual face consideraţii punctuale cu privire la alocuţiunea Fratelui sau la cadou şi apoi îl aşază la locul prestabilit conform protocolului.

Această modalitate, deşi nu este la fel de

"prietenoasă" şi fraternă ca cea precedentă, poate fi aplicată în cazul în care sunt mulţi invitaţi, iar luările de cuvânt şi momentul oferirii cadourilor la Orient de către fiecare dintre cei care a pregătit un astfel de moment, generează prelungirea Ţinutei foarte mult.

În principiu, dacă se optează pentru această variantă, este recomandat ca Maestrul Venerabil să anunţe această procedură înainte de începerea Ţinutei, sau eventual înainte de începerea luărilor de cuvânt, oferind şi explicaţia pentru care s-a decis ca acest moment să nu consume foarte mult timp cu circulaţia în Templu a Fraţilor care vor fi preluaţi de pe coloane, aduşi la Orient şi apoi conduşi înapoi la locul lor conform regulilor de circulaţie în Templu.

OFERIRE CADOURI DE CĂTRE LOJA ORGANIZATORE

Conform cutumei sau a protocolului agreat, ordinea în care se oferă cadouri simbolice cu ocazia Ţinutei este cea ierarhică a demnităţilor/funcţiilor celor prezenţi.

Astfel se va începe de la Orient, apoi se va continua pe Coloane, începând cu Coloana de Miazăzi şi apoi Coloana de Miazănoapte.

Pentru derularea eficientă a acestui moment, dar şi în dorinţa de a se putea extinde timpul petrecut la Agapă, există câteva opţiuni ce şi-au dovedit utilitatea în practică.

Voi detalia varianta cea mai extinsă şi în funcţie de specificul fiecărei Ţinute aceasta se poate adapta sau reduce în funcţie de dorinţa Lojii organizatoare.

Maestrul Venerabil ia cuvântul şi explică pe scurt în ce constă cadoul simbolic oferit oaspeţilor.

Acesta oferă respectivul cadou Marelui Maestru sau invitatului cu cea mai înaltă demnitate aflat la Orient.

Trebuie să fie atent dacă cel care primeşte cadoul doreşte să mulţumească printr-o scurtă alocuţiune şi să îi acorde acestuia cuvântul atunci.

Apoi mai oferă cadouri pentru un număr redus de invitaţi aflaţi la Orient şi anunţă că pentru scurtarea timpului necesar conferirii de cadouri simbolice, toţi participanţii vor primi acest cadou din partea Lojii organizatoare, la încheierea Ţinutei.

Va justifica acest protocol prin scurtarea timpului ce ar trebui petrecut în Ţinută în aşa fel încât fiecare Frate să îşi primească cadoul simbolic şi astfel toţi Fraţii vor avea mai mult timp de petrecut împreună la Punctul Geometric şi Agapă, care sunt parte integrantă a Ţinutei rituale.

Astfel, înainte de Închiderea Lucrărilor, trebuie ca pe masa Trezorierului sau pe o altă masă aflată în proximitatea Orientului, în capătul de pe Coloana de Miazăzi, să fie aşezate cadourile pentru Fraţii de la Orient.

În proximitatea zonei de ieşire din Templu, pe o altă masă, este recomandat să fie aşezate cadourile pentru Fraţii aflaţi pe Coloane.

La ieşirea din Templu, când Fraţii de la Orient coboară, o vor face prin dreptul mesei Trezorierului, unde vor primi cadoul aferent.

Pentru Fraţii de pe Coloane, în mod similar, la ieşirea din Templu se vor acorda cadourile simbolice.

Evident că există situaţii când toţi Fraţii aflaţi la Orient primesc cadourile, precum şi Fraţii aflaţi pe Coloane, care le vor primi de la Fratele Ospitalier ce va fi însoţit conform regulamentului de circulaţie în Templu de către Maestrul de Ceremonii.

În această situaţie trebuie respectată direcţia de circulaţie în Templu precum şi faptul că în Templu, în timpul Ţinutei se circulă în poziţia "*La Ordin*".

O altă variantă este acordarea acestor cadouri simbolice la Agapă, dar, practica a demonstrat că datorită programului/obligaţiilor profane şi uneori chiar masonice nu toţi cei prezenţi pot să participle şi la Agapă, după ce Ţinuta Rituală s-a încheiat.

PROTOCOLUL ȚINUTEI COMUNE

PROTOCOLUL ŢINUTEI COMUNE

În Ţinuta Rituală Comună pot lucra cel mult două Loji care activează în Marea Lojă Naţională din România, care au agreat anterior această modalitate pentru o anumită dată şi loc de desfăşurare, respectând prevederile regulamentare în vigoare.

La o Ţinută Rituală Comună pot participa în vizită, ca la orice altă Ţinută Rituală, atât Fraţi vizitatori, delegaţii ale unor Loji vizitatoare cât şi Loji vizitatoare.

În cazul în care sunt mai multe Loji care organizează împreună o Ţinută Rituală care se doreşte comună, această acţiune se încadrează în categoria "Ţinută Rituală Festivă", ale cărei caracteristici se vor prezenta în alt capitol.

Ţinuta Rituală Comună poate fi derulată şi organizată numai de către Loji care practică acelaşi Ritual, nefiind posibil să se organizeze o Ţinută comună a două Loji care nu au în comun Ritualul conform căruia lucrează în mod regular.

În astfel de cazuri, respectivele Loji care lucrează pe Ritualuri diferite, pot derula vizite, atât ale unor Fraţi cât şi a unei întregi Loji, dar în niciun caz, nu se pot organiza Ţinute Rituale Comune.

Cazul în care cele două Loji lucrează în sisteme

rituale diferite este compatibil cu o potenţială Ţinută de Îngemănare, dar aceste cazuri sunt întâlnite cel mai des între Loji care activează în Mari Loji diferite, care au protcoale de recunoaştere semnate între ele.

Acest caz este specific Protocolului şi Ceremoniei de Îngemănare care sunt detaliate în alte capitol din această carte.

Este recomandat ca Ţinuta Rituală Comună să se organizeze doar între două Loji care au un minim istoric comun, la nivelul unor membri sau chiar la nivelul întregii Loji.

Aceasta se explică prin vizite ale unor Fraţi la Lucrările celeilalte Loji sau vizite ale delegaţiilor Lojilor conduse de către Maestrul Venerabil sau împuternicitul acestuia.

Cea mai elocventă situaţie este vizita unei Loji la Lucrările celeilalte şi de asemenea, acţiuni comune ale membrilor Lojii în afara Ţinutelor rituale, în proiecte comune.

Ţinutele Comune sunt caracterizate prin armonie fraternă şi aceasta nu se poate realiza decât dacă Fraţii se cunosc, se apreciază şi doresc să lucreze şi în comun în cadru masonic, dată fiind experienţa comună în afara Templului şi cea dezvoltată în Ţinute.

Ţinuta Comună nu este însă o practică curentă, deci poate fi considerată un eveniment deosebit.

Există cazuri frecvente, mai ales începând cu anul 2020 şi problemele cu care Masoneria s-a confruntat de atunci, în care Lojile întâmpină anumite dificultăţi în asigurarea numărului de Maeştri care să permită desfăşurarea Ţinutelor Rituale conform regulamentelor în vigoare.

Ca şi consideraţie personală, bazată pe experienţa dobândită în peste 20 de ani de activitate curentă, pentru derularea Ceremoniilor de Iniţiere şi/sau acordare a Sporurilor de Salariu nu recomand organizarea de Ţinute Comune cu o altă Lojă aflată şi ea în aceeaşi situaţie legată de numărul de Maeştri prezenţi la Ţinută.

Cel mai corect din punct de vedere masonic este ca problemele de prezenţă ale fiecărei Loji să fie rezolvate prin invitarea unor Maeştri din alte Loji care să sprijine realizarea Ţinutelor Rituale proprii.

Ca şi protocol de urmat, în situaţia în care două Loji organizează o Ţinută Comună, intrarea în Templu se realizează respectând procedura regulamentară şi mai ales clasică a unei Ţinute Rituale a unei singure Loji.

Astfel vor fi invitaţi în Templu membri ambelor Loji. Aceştia vor intra împreună dar, aşa cum este prevăzut în Ritual, separat pe fiecare Grad Masonic: Ucenicii, Calfele şi Maeştrii.

Este obligatoriu ca echipa de Demnitari şi Ofiţeri care va conduce Ţinuta Comună să fi fost stabilită de comun acord înainte de începerea acesteia. În aceste condiţii, Demnitarii şi Ofiţerii celor două Loji care nu se regăsesc în echipa ce va derula Ritualul Ţinutei vor intra împreună cu Maeştrii celor două Loji.

Conform tradiţiei si Regulamentului, după echipa de Ofiţeri şi Demnitari, în Templu vor intra:

- Maeştrii Venerabili de Onoare Ad-Vitam;

- Maeştrii Venerabili din Trecut ai celor două Loji;

- Maestrul Venerabil al Lojii care participă la Ţinuta Rituală Comună, dar nu va fi Maestrul Venerabil al Ţinutei;

- Maestrul Venerabil desemnat să conducă Lucrările.

Ordinea de aşezare în Templu este cea prevăzută în Ritual, cu o singură modificare, respectiv că Maestrul Venerabil care nu va conduce Lucrările Comune va sta în stânga Maestrului Venerabil, pe primul loc, care conform tradiţiei este desemnat Maestrului Venerabil din Trecutul Imediat, în niciun caz la masa Maestrului Venerabil care conduce Ţinuta.

O explicaţie simplă este că Maestrul Venerabil nu îşi împarte auroritatea, poziţia în Templu şi dreptul de a utiliza "*ciocanul de Maestru Venerabil*".

O diferenţă semnificativă între o Ţinută la care sunt prezente două Loji şi o Ţinută Comună este reprezentată prin anunţul făcut de către Maestrul Venerabil care conduce Ţinuta.

La "Deschiderea Lucrărilor", în cazul Ţinutei Comune, se proclamă deschise Lucrările în ambele Loji.

La ordinea de zi a Ţinutei Comune s-a constatat în preactică faptul că din fiecare Lojă se prezintă câte o Planşă de Arhitectură, iar acolo unde relaţiile Fraterne dintre membri celor două Loji sunt mai strânse, sau există puncte comune în profan între unii membri din cele două Loji, se prezintă chiar o Planşă comună (ex: planşă artistică, muzicală, film, etc).

În cadrul unei Ţinute Comune, de cele mai multe ori este bine să se facă propuneri şi discuţii legate de acţiuni viitoare comune ale celor două Loji participante (acţiuni caritabile comune, de organizare în comun a unor viitoare întâlniri, evenimente culturale).

În Ţinuta Comună, se pot discuta de principiu probleme organizatorice, administrative sau financiare pentru proiectele comune ale celor două Loji, dar adoptarea deciziilor cu privire la acestea ţin de competenţa fiecărei Loji individual şi acestea se vor consemna ulterior în Planşa Ţinutei fiecărei Loji şi eventual la următoarea Ţinută comună se va comunica acceptul dat de către fiecare Lojă pentru a se derula proiectul comun.

CONSIDERAŢII CU PRIVIRE LA UNELE PROCEDURI CE TREBUIE RESPECTATE PENTRU DERULAREA ÎN BUNĂ REGULĂ A ŢINUTEI COMUNE

Desfăşurarea Ţinutei comune are loc conform Ritualurilor aprobate şi în vigoare.

Ambele Loji participante la Ţinuta comună trebuie să îndeplinească condiţiile obligatorii pentru a putea lucra în Ţinută Rituală, respectiv cele două Patente trebuie să fie poziţionate conform prevederilor în vigoare.

Echipa de Demnitari şi Ofiţeri care este desemnată de comun acord pentru "Deschiderea Lucrărilor" Ţinutei Comune va fi aceeaşi până la sfârşitul Ritualului, respectiv şi la "Închiderea Lucrărilor".

Singura excepţie de la această regulă este cea prevăzută de Regulament, respectiv probleme care pot interveni accidental pe parcursul oricărei Ţinute Rituale pentru orice participant la Ţinută.

Aici mă refer la părăsirea Templului şi Ţinutei pentru un motiv întemeiat de către un Demnitar sau Ofiţer al Lojii, situaţie în care acesta este înlocuit pe parcursul restului Ţinutei de către un alt Maestru desemnat de către Maestrul Venerabil.

S-a constatat ca şi protocol intern al unor Loji ce derulează Ţinute Comune să realizeze Ritualul cu două echipe diferite. De exemplu "Deschiderea Lucrărilor" este facută de către Maestrul Venerabil împreună cu Demnitariii şi Ofiţerii uneia dintre Loji, iar "Închiderea Lucrărilor" este făcută de către Maestrul Venerabil şi echipa de Demnitari şi Ofiţeri a celeilalte Loji.

Această procedură internă are o anumită imagine ce se încadrează în categoria "*politically correct*" sau "*echilibru fratern*".

Cu toate acestea există "voci" care au promovat anumite păreri contrare celor de mai sus, având o interpretare proprie, iar în timp au reuşit să le impună ca "reguli nescrise".

Potrivit acestora, schimbarea unui Maestru Venerabil în timpul unei Ţinute şi a unor membri sau a întregii echipe de conducere a unei Ţinute Rituale pe parcursul acesteia nu sunt premise.

Explicaţia este că aceste schimbări se fac numai în cadrul unor Ceremonii care au ca scop schimbarea şi instalarea unor noi Fraţi în anumite funcţii, respectiv Ceremonia de Instalare a unui nou Maestru Venerabil sau a Demnitarilor şi Ofiţerilor Lojii.

Tot ca şi explicaţie se precizează că practica Deschiderii Lucrărilor de către echipa unei Loji şi Închiderea de către echipa celeilalte Loji nu este permisă. Ţinuta Rituală, ca orice acţiune importantă, poate avea doar o singură conducere care răspunde de respectarea legislaţiei masonice, a ritualurilor, protocolului şi îşi asumă răspunderea deciziilor luate în condiţiile regulamentare impuse.

Aici îmi permit să precizez faptul ca de cele mai multe ori deciziile şi aspectele ce ţin de legislaţia masonică se aplică în timpul "Ordinii de zi" sau a "Ceremoniilor de Iniţiere sau Spor de Salariu", nicidecum în timpul Ritualului de Deschidere sau Închidere a Lucrărilor, deoarece aceasta este strict, neinterpretabil şi se derulează conform exemplarului tipărit şi distribuit de către Marea Lojă.

Bineînţeles că pentru a respecta aceste "păreri sau prevederi" s-a găsit o modalitate rezonabilă de derulare a protocolului intern al Lojilor, fără a încălca "regulile" stabilite.

Astfel, în practică, se formează o echipă mixtă din Demnitarii şi Ofiţerii celor două Loji. Deschiderea Lucrărilor este făcută de către Maestrul Venerabil al uneia dintre Loji, iar după derularea Ordinii de zi, respectând "prevederile", acesta "predă ciocanul" Maestrului Venerabil al celeilalte Loji, invocând motive personale, pentru care nu mai realizează Închiderea Lucrărilor. Aceasta, numai pentru a exista o explicaţie pentru predarea ciocanului către Maestrul Venerabil al celeilalte Loji, dar şi pentru a respecta decizia Lojii care este suverană în ceea ce priveşte hotărârile interne.

Nu mă pot pronunţa dacă este corect sau nu, dar pot remarca inventivitatea în aplicarea şi respectarea unor reguli, dar pastrând şi dorinţa comună a celor două Loji, invocând discret autonomia Lojii.

Poate o soluţie rezonabilă este să se încerce un dialog cu cei care fac aceste regului şi poate se găseşte o variantă mai apropiată de ceea ce Lojile îşi doresc. Dar aceasta numai dacă "legiuitorul" este deschis la dialog.

În cadrul unei Ţinute Rituale Comune, niciuna dintre Lojile participante nu va citi şi vota Planşa de Arhitectură a Ţinutei precedente, aceasta urmând a fi votată în prima Ţinută Rituală a fiecărei Loji, împreună cu Planşa de Arhitectură a Ţinutei Rituale Comune.

Această prevedere ţine cont de menţiunile anterioare legate de păstrarea discreţiei/secretului la care are dreptul fiecare Lojă în ceea ce priveşte activitatea şi deciziile sale.

Dacă nu este prima Ţinută Comună a celor două Loji, se practică citirea Planşei Ţinutei Comune precedente.

Planşa de Arhitectură a Ţinutei Comune este întocmită de către Secretarul desemnat pentru acea

Ținută și este semnată de către Maestrul Venerabil, Oratorul și Secretarul care au oficiat în Ținută.

Această prevedere este în conformitate cu Ritualul în vigoare pentru fiecare Grad Masonic și este o obligație firească privind asumarea răspunderii celor trei Demnitari care semnează Planșa de Arhitectură.

În cadrul Ținutei Comune se poate efectua Strigarea I-a și Strigarea II-a pentru un profan.

Regulamentul prevede că în cazul "strigărilor", Frații masoni prezenți la Ținută, indiferent dacă fac sau nu parte din Loja către care s-a adresat Petiția de Inițiere, pot interveni cu informații legate de candidaturile analizate.

La votul pentru fiecare strigare participă doar membrii Lojii căreia i s-a adresat Petiția de Inițiere sub condiția întrunirii cvorumului.

De asemenea, într-o Ținută Rituală Comună se pot face "Verificări" și "Neteziri" ale unor candidați la gradul de Calfă, respectiv de Maestru, decizia prin vot luându-se însă în Camera de Mijloc a Lojii implicate, într-o Ținută Rituală individuală a acesteia.

Conform Regulamentelor Masonice, sunt permise atât Inițierea unui profan de către o Lojă în numele altei Loji, cât și acordarea Sporului de Salariu unui Frate dintr-o altă Lojă.

Ținuta Rituală Comună are Lucrările deschise conform Ritualului pentru fiecare Lojă participantă, astfel că membrii fiecărei Loji sunt prezenți la Inițiere sau la acordarea Sporului de salariu.

Într-o Ţinută Comună, gradul Masonic este acordat unui Frate de către Loja sa de apartenenţă, adică Loja care l-a verificat, netezit, a votat acordarea Sporului de Salariu şi este prezentă şi participă la Ţinuta Comună.

Maestrul Venerabil care conduce ceremoniile respective este stabilit cu acordul Maestrului Venerabil al Lojii căreia îi aparţine Fratele care urmează să primească Spor de salariu şi deci nu există niciun element care să inducă ideea unei intervenţii a unei Loji în treburile alteia.

Ceremoniile de Iniţiere si Sporuri de salariu decurg conform Ceremoniilor aferente din Ritualuri, întrucât până la etapa de Frate Admis în Camera aferentă, toate referirile sunt legate de intrarea candidaţilor în Ordin (pentru Iniţiere), respectiv de accederea la un grad superior şi nu într-o Lojă specifică.

În momentul în care Maestrul Venerabil îl Creează, Constituie şi îl Primeşte ca Ucenic Francmason/Calfă sau Maestru Mason, trebuie să menţioneze, desigur, pentru fiecare Frate, Loja în care acesta este primit.

O diferenţă importantă faţă de Ceremoniile derulate în cadrul Ţinutei unei singure Loji este cea aferentă momentului în care Maestrul Venerabil îi va proclama pe Fraţii Admişi ca membrii regulari şi activi în gradul de Ucenic/Calfă/Maestru, când va specifica pentru fiecare: *Respectabila Lojă* ____________________________, *Nr.* _____, *Or.·.* ________________ din care va face parte fiecare Ucenic/Calfă/Maestru, anunţ preluat în mod identic şi de către Primul Supraveghetor şi cel de Al Doilea Supraveghetor.

Proclamarea şi anuţarea Fraţilor Admişi în fiecare Grad Masonic nu se face de către fiecare Maestru Venerabil în parte pentru noul membru al Lojii respective şi nici nu se trece ciocanul de la un Maestru Venerabil la celălalt pentru a realiza acţiunile menţionate, fiecare pentru candidatul/candidaţii Lojii sale.

Explicaţia este că există un singur Maestru Venerabil în cadrul Ţinutei, cel stabilit de comun acord înainte de începerea Ţinutei Rituale, iar ciocanul nu se transferă altcuiva pe parcursul Ceremoniei de Iniţiere.

Cu toate acestea, pentru frumuseţea şi fluenţa Ceremoniei, se pot găsi modalităţi de lucru prin care se respectă această regulă.

Înainte de a preciza unele modalităţi întâlnite în practică, care respectă regula, dar păstrează şi dorinţa comună a celor două Loji invocând discret autonomia Lojii, îmi reafirm părerea că soluţia rezonabilă este să se încerce un dialog cu cei care fac aceste regului şi poate se găseşte o variantă mai apropiată de ceea ce Lojile îşi doresc. Dar acesta numai dacă "legiuitorul" este deschis la dialog.

Cum spuneam şi la început, din experienţa celor peste 20 de ani de lucru în Masonerie, există variante pentru anumite soluţii ce pot asigura o simbioză între "legiuitor" şi dorinţa Fraţilor.

Astfel, în ceea ce priveşte momentul în care Maestrul Venerabil îi proclamă pe Fraţii Admişi ca membrii regulari şi activi în gradul de Ucenic/Calfă/Maestru, fără să predea ciocanul celuilalt Maestru Venerabil, îl invită pe acesta să rostească proclamaţia şi îl lasă să deruleze acţiunile specifice cu "sabia înflăcărată", care poate părăsi mâna Maestrului Venerabil în timpul Ţinutei Rituale sau a unor Ceremonii autorizate.

În mod similar, îl invită pe celălalt Maestru Venerabil să facă anunţul pentru Loja pe care o conduce cu privire la noul membru, evident fără a i se preda ciocanul pentru acest anunţ.

PROTOCOLUL ȚINUTEI FESTIVE

PROTOCOLUL ŢINUTEI FESTIVE

Ţinutele Rituale Festive pot fi organizate atât de către Loji, cât şi la nivelul unor Oriente, Zone masonice sau al Marii Loji Naţionale din România.

O caracteristică comună a acestor Ţinute, atât la nivel de Lojă, cât şi la nivel de Mare Lojă este că implică participarea unui număr mare de Fraţi.

Întrucât această carte face referire doar la aspecte ce ţin de activităţile Lojii, mă voi referi doar la acest caz.

În cadrul Ţinutei Festive a unei Loji, Ritualul se desfăşoară în Gradul de Ucenic, deschiderea şi închiderea se fac conform Ritualului de Gradul 1 aflat în vigoare.

În mod normal, ordinea de zi a Ţinutei Festive poate cuprinde subiecte legate de aniversări, sărbătoriri, punctarea anumitor realizări ale Lojii sau ale Fraţilor din Lojă.

Pentru buna desfăşurare a Ţinutei Festive, trebuie respectat un anumit "protocol" care implică aspecte ce ţin de acordarea onorurilor şi respectarea procedurilor în ceea ce îi priveşte pe invitaţii de marcă. Este în mod cert importantă şi fluenţa derulării ordinii de zi în aşa fel încât să nu apară acei aşa zişi "timpi morţi" în care, pentru că nu se întâmplă nimic special, atenţia participanţilor să fie deturnată de la scopul Ţinutei Festive. Există cazuri în care, în mod firesc, s-au început discuţii în şoaptă pe baza a ceea ce s-a prezentat în Ţinută până atunci şi liniştea şi armonia Lucrărilor a fost astfel perturbată.

PLANŞA DE ARHITECTURĂ ÎN TIMPUL DESCHIDERII LUCRĂRILOR

Deoarece Ţinuta festivă nu este o Ţinută obişnuită, în primul rând la această Ţinută nu este recomandat să se citească/voteze Planşa Ţinutei precedente, aceasta urmând a fi votată în prima Ţinută Rituală a Lojii, împreună cu Planşa de Arhitectură a Ţinutei Festive.

Această recomandare ţine cont de menţiunile legate de păstrarea discreţiei/secretului la care are dreptul fiecare Lojă în ceea ce priveşte activitatea şi deciziile sale.

INTRAREA ÎN TEMPLU

Se face în conformitate cu *"Protocolul Intrării în Templu la o Ţinută Rituală"* (pag. 121).

ORDINEA DE ZI ÎN CADRUL ȚINUTEI FESTIVE

CUVÂNTUL MAESTRULUI VENERABIL

În debutul Ordinii de zi a Ținutei Festive, după ce toți invitații de marcă au intrat în Templu și au fost conduși la locurile desemnate, Maestrul Venerabil prezintă o alocuțiune scurtă în care va enunța în mod sumar motivația organizării Ținutei Festive și câteva repere legate de modul de desfășurare a protocolului Ținutei până se va trece la Închiderea Lucrărilor.

PLANȘA EXPLICATIVĂ

După cuvântul Maestrului Venerabil, este necesar să se prezinte o Planșă de Arhitectură, prin care să se detalieze amănunte legate de momentul festiv, aspecte ce țin de istorie, prezent și planuri de viitor.

Planșa poate să fie citită sau derulată sub forma unei proiecții cu detalii video și audio (dacă se poate).

MOMENT ARTISTIC

La anumite momente festive, în cadrul acestui tip de Ținute se obișnuiește să se realizeze și un moment artistic sub forma unei Planșe muzicale sau artistice.

Planșa poate să fie citită sau derulată sub forma unei

proiecţii cu detalii video şi audio (dacă se poate).

MOMENT DEDICAT EVIDENŢIERII UNOR FRAŢI

Tot în cadrul Ordinii de zi a Ţinutei Festive se pot evidenţia meritele unor Fraţi şi eventual anunţarea decernării unor medalii/diplome/titluri onorifice, fără însă a prelungi momentul foarte mult, raportat la ceea ce mai urmează pe ordinea de zi.

LUĂRI DE CUVÂNT

Protocolul luării cuvântului este descris în amănunt în capitolul: *"Protocolul luărilor de cuvânt în cadrul Lojii"* (pag. 139).

OFERIREA/PRIMIREA CADOURILOR SIMBOLICE

Protocolul oferirii/primirii cadourilor simbolice este descris în amănunt în capitolul: *"Protocolul cadourilor simbolice"* (pag. 153).

PROTOCOLUL ȚINUTEI DE ÎNGEMĂNARE

PROTOCOLUL ŢINUTEI DE ÎNGEMĂNARE

Lanţul Masonic Universal se caracterizează prin diversitatea membrilor, dar şi prin respectarea unor principia, tradiţii şi precepte respectate din străvechime.

Terminologia generală de "ÎNFRĂŢIRE" este cea care caracterizează de fapt ceea ce se întâmplă în mod real: o strângere a relaţiilor între două sau mai multe Loji, o raportare la un set suplimentar de valori comune, precum şi acceptarea unui program comun bine stabilit.

Cu toate acestea, sunt multe voci care contestă această terminologie, precizând că noi suntem toţi deja Fraţi, suntem membri în marea Familie Masonică, suntem verigi în Lanţul Masonic Universal.

De aceea, pentru a evita polemici legate despre cum se poate explica "*Înfrăţirea Fraţilor*" s-a adoptat termenul de "*Îngemănare*" ca fiind unul ce poate elimina consumarea energiei pe teme fără miză şi concentrarea acesteia pe ceea ce este important.

În cadrul procedurilor ce ţin de realizarea unei Ţinute de Îngemănare, este necesar să se parcurgă unii paşi procedurali, care se înscriu în categoria "*Protocol de Îngemănare*" şi apoi o anumită "*Ceremonie de Îngemănare*" prin care se realizează Îngemănarea ezoterică/iniţiatică a celor două Loji.

După realizarea Ținutei prin care se consfințește îngemănarea, procedurile legate de Ținutele ce se vor derula între Lojile Îngemănate se derulează conform *"Protocolului Ținutei Comune"* (pag. 161).

Se practică o mică Ceremonie de îngemănare, deoarece toate demersurile protocolare trebuie să fie puse în practica curentă a celor două Loji printr-un moment festiv, care este unic în viața celor două Ateliere și este păcat să nu existe și un ceremonial pentru această realizare.

PROTOCOLUL DE ÎNGEMĂNARE

PROCEDURI OBLIGATORII

În urma oricărui contact privat dintre Frații din Loji care activează în Mari Loji din Țări diferite, primul pas obligatoriu ce trebuie făcut este ca fiecare dintre aceștia să își informeze conducerea Lojii în care activează în conformitate cu prevederile regulamentare în vigoare.

Este obligatoriu să se țină seama de prevederile ce stipulează:

- Comunicarea cu alte Organizații masonice recunoscute;

- Normele și procedurile de vizitare a Lojilor din Jurisdicția unei Mari Loji recunoscută de către Marea Lojă Națională din România;

- Primirea vizitatorilor aparţinând unor Jurisdicţii recunoscute.

Pentru a verifica dacă demersul este şi poate fi continuat în mod legal, regulamentar şi pe componenta masonică, este obligatoriu să se obţină de la Secretariatul Marii Loji de apartenenţă o confirmare că cealaltă Lojă este în primul rând activă într-o Mare Lojă cu care Marea Lojă de apartenenţă este în relaţii de recunoaştere reciprocă.

Apoi, prin Secretariatul Marii Loji de apartenenţă trebuie verificat în cadrul celeilalte Mari Loji, dacă respectiva Lojă este activă şi în *Good Standing*.

Odată ce aceste demersuri sunt făcute şi se obţin toate confirmările, trebuie informată conducerea Marii Loji despre intenţia de a se realiza întâlniri masonice între cele două Loji.

După ce fiecare Mare Lojă şi-a dat acordul, Lojile pot comunica direct.

Trebuie reţinut faptul că orice interacţiune în afara mesajelor, intenţiilor şi a discuţiilor informale, trebuie să fie aduse la cunoştinţa Marii Loji.

Aici mă refer la vizite ale unor membri din cealaltă Lojă ce se vor face în cadrul unei Ţinute Rituale, asumarea unor proiecte şi acţiuni comune şi mai ales, cazul de faţă, intenţia de îngemănare (înfrăţire).

După ce toţi aceşti paşi au fost parcurşi, după ce toate aprobările au fost primite de către fiecare dintre cele două Loji, se poate trece la organizarea Ţinutei de Îngemănare.

ORGANIZAREA ȚINUTEI DE ÎNGEMĂNARE

Organizarea unei Ținute de Îngemănare este o acțiune ce trebuie minuțios pusă la punct, cu privire la toate detaliile ce țin de respectarea unor reguli valabile în primul rând, în fiecare dintre cele două Mari Loji în general, precum și de către cele două Loji, în particular.

Practica a demonstrat că există câteva cazuri particulare.

Aici mă refer la tipul de Ritual în care lucrează fiecare dintre cele două Loji.

Evident, cazul în care ambele Loji lucrează pe același tip de Ritual este foarte fericit și în această situație sunt ușor de realizat toate acordurile fine pentru Ținuta de Îngemănare.

Pentru cazul în care cele două Loji lucrează în Ritualuri diferite, avem de a face cu un specific aparte și trebuie ca Ținuta de Îngemănare să fie tratată cu ceva mai multă atenție.

Tot din practică, s-a constatat că Ținuta de Îngemănare se desfășoară în mod festiv în ambele Loji, la fiecare dintre cele două manifestări fiind invitați reprezentanți din Marea Lojă sub auspiciile căreia se derulează Ținuta respectivă.

Revenind la cazurile speciale, aici s-au constatat particularități diferite în funcție de tipul de Ritual desfășurat de către fiecare dintre cele două Loji, respectiv cele două Mari Loji.

Spre deosebire de protocolul Ținutei Comune, în cazul unei Ținute de Îngemănare, nu întotdeauna este posibil ca cele două Loji să lucreze în acelaşi tip de Ritual.

În aceste condiţii, este evident că vor avea loc două Ceremonii distincte, câte una în cadrul fiecăreia dintre cele două Loji, derulându-se Ritual specific fiecăreia dintre ele.

Pentru un astfel de caz, Loja care lucrează sub auspiciile Marii Loji Naţionale din România (cazul pentru care face referire şi această carte) va derula un protocol de organizare specific unei Ţinute Festive.

În ceea ce priveşte aşezarea în Templu a membrilor celor două Loji, există două variante distincte:

- Intercalaţi ca adevăraţi Fraţi ce la sfârşitul Ţinutei vor avea un set suplimentar de valori şi principii comune la care vor adera în continuare;

- membrii Lojii invitate stau grupaţi, mai puţin Maestrul Venerabil şi Maeştri Venerabili din Trecut, care conform procedurilor, vor fi aşezaţi la Orient. Aceasta variantă trebuie să fie solicitată de către Loja invitată.

La o Ţinută de Îngemănare pot participa în vizită, ca la orice altă Ţinută Rituală, atât Fraţi vizitatori, delegaţii ale unor Loji vizitatoare, cât şi Loji vizitatoare.

Ţinuta de Îngemănare nu este însă o practică curentă, deci poate fi considerată ca un eveniment deosebit.

De aceea, ca şi practică, se va derula Deschiderea Lucrărilor în Gradul de Ucenic, conform Ritualului Lojii gazdă, urmând ca Ceremonia de Îngemănare să se deruleze în cadrul ordinii de zi.

Această Ceremonie este de preferat să se deruleze după ce toţi invitaţii de marcă au intrat în Templu.

În cazul în care ambele Loji lucrează pe acelaşi tip de Ritual, protocolul derulării Ţinutei Rituale de Îngemănare poate fi unul similar celui pentru Ţinuta Comună inclusiv cele prevăzute la capitolul *"Consideraţii cu privire la unele proceduri ce trebuie respectate pentru derularea în bună regulă a Ţinutei Comune"* (pag. 166), la care se adăugă în timpul ordinii de zi *"Ceremonia de Îngemănare"* (pag. 107).

Intrarea în Templu la o Ţinută de Îngemănare se face respectând procedura regulamentară şi mai ales clasică a unei *"Ţinute Rituale Festive"* (pag 175) confom *Protocolului Intrării în Templu la o Ţinută Rituală* (pag. 121).

Invitaţii prezenţi la Ţinuta de Îngemănare vor fi primiţi cu *"Bolta de Oţel"*, în conformitate cu prevederile Ritualului extrase în capitolul *Protocolul de acordare a "Boltei de Oţel"* (pag. 133).

La sfârşitul ordinii de zi, aşa cum se obişnuieste la orice Ţinută Rituală, au loc luările de cuvânt, care se derulează conform celor precizate la capitolul *Protocolul Luărilor de Cuvânt în cadrul Lojii* (pag. 139.

Înainte de a trece la Încheierea Lucrărilor, se derulează momentul oferirii/primirii de cadouri simbolice care punctează acest moment deosebit în viaţa celor două Loji. Cadourile simbolice se oferă/ primesc în conformitate cu modalitatea expusă în capitolul *Protocolul Cadourilor Simbolice* (pag. 153).

www.ingramcontent.com/pod-product-compliance
Lightning Source LLC
LaVergne TN
LVHW051100180726
843512LV00020B/1546

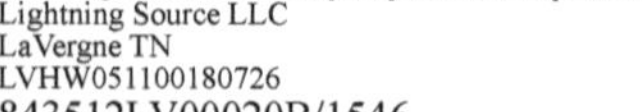